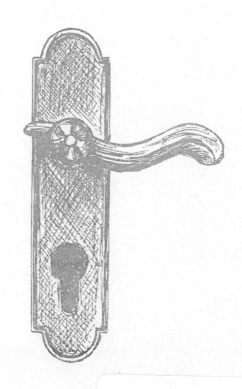

REGENERAÇÃO: EM HARMONIA COM O PAI
Copyright © 2015 by Samuel Gomes
1ª reimpressão | Novembro/2020 | 5º ao 5,5º milheiro

Dados Internacionais de Catalogação Pública
GOMES, Samuel
Regeneração: em harmonia com o Pai
Samuel Gomes.
EDITORA DUFAUX: Belo Horizonte, MG. 2015
228p. 16 x 23 cm
ISBN: 978-85-63365-67-5
1. Autoconhecimento   2. Espiritismo
I. Gomes, Samuel   II. Título
CDU 133.9

Impresso no Brasil   Printed in Brazil   Presita en Brazilo

Editora Dufaux
R. Contria, 759 - Alto Barroca
Belo Horizonte - MG, 30431-028
(31) 3347-1531

comercial@editoradufaux.com.br
www.editoradufaux.com.br

 Conforme novo acordo ortográfico da língua portuguesa ratificado em 2008.

Todos os direitos reservados à Editora Dufaux. É proibida a sua reprodução parcial ou total através de qualquer forma, meio ou processo eletrônico, sem prévia e expressa autorização da Editora nos termos da Lei 9.610/98, que regulamenta os direitos de autor e conexos.

Adquira os exemplares originais da Dufaux, preservando assim os direitos do autor.

Regeneração

em harmonia com o Pai

Série Culto no Lar

Samuel Gomes
por diversos espíritos

Dufaux
editora

Sumário

Apresentação.. 12

Introdução... 16

1 ....Somos Deuses, 20

2 .... Deus está no comando, 23

3 ....Morrer para viver, 25

4 ....Uma nova opção, 27

5 .... A bênção do esquecimento, 28

6 ....Motivação, 30

7 .... Anonimato, 31

8 ....Construa um novo olhar, 33

9 ....Amplie seu amor, 35

10 ....Paralisias, 36

11 ....Bondade, 38

12 ....Renovação dos impulsos, 40

13 .... Na esfera do Cristo, 42

14 .... Sublime expiação, 44

15 ....Ao lado de Jesus, 46

16 ....Cristos, 48

17 .... Maioridade espiritual, 49

18 ....Edificação dos valores eternos, 52

19 ....Se programando para vencer, 53

20 ....Funerais, 55

21 .... Águas divinas, 57

22 ....Resignação, 58

23 ....Amar é o caminho, 60

24 ....Requisitos básicos de crescimento, 62

25 ....O bem maior, 64

26 ....Na seara do Mestre, 66

27 ....No caminho para os planos espirituais, 67

28 .... A vida sempre muda, 69

29 .... Soluções imediatas, 71

30 .... Vencer o mundo, 73

31 ....Uma nova geração, 74

32 ....Caridade sempre, 76

33 ....Aprimoramento íntimo, 77

34 .... Apelo de contribuição, 79

35	Ordenações do alto,	80
36	Em sintonia com o Pai,	82
37	Ser perfeito,	83
38	Armadilhas,	85
39	Entraves do crescimento,	87
40	Escrevendo nosso Evangelho com Jesus,	89
41	Jesus como companheiro,	90
42	Lucidez mental,	92
43	Onde está sua fonte de águas vivas?,	93
44	Pacificação,	95
45	Mudando com Jesus,	96
46	Marco divisório,	98
47	Equação do bem,	100
48	A caminho da luz,	101
49	Bendita gestação,	102
50	Transfiguração,	106
51	A alma é um livro sagrado,	107
52	Opositores do bem,	109
53	Lírios do campo,	111
54	Cordialidade,	112

55	....	Confiança em Jesus, 114
56	....	Referência ideal, 116
57	....	Clamores do alto, 117
58	....	Contenção que transforma, 119
59	....	Mandato divino, 120
60	....	Colaboração, 122
61	....	O autoconhecimento, 123
62	....	Olhai os lírios do campo, 126
63	....	A riqueza do homem pobre, 128
64	....	Legisladores, 130
65	....	O tamanho de sua fé, 132
66	....	Na pauta do bem, 133
67	....	O silêncio, 135
68	....	Viver em verdade, 137
69	....	Tolerância, 138
70	....	O amparo que vem de longe, 140
71	....	Em regime de prova, 142
72	....	Faça o bem possível, 143
73	....	Vida plena, 144
74	....	Honestidade religiosa, 146

75		Vidas, 147
76		Despertar espiritual, 149
77		Servir, 150
78		Nos trabalhos da terra, 152
79		Aos que têm olhos de ver, 153
80		Longevidade, 155
81		Logomarcas, 156
82		Paz no coração, 158
83		Retificando condutas, 159
84		Na rota segura, 161
85		Casamento perfeito, 162
86		Em favor da paz, 164
87		Trabalhadores da última hora, 165
88		Melancolia, 167
89		É hora de sanear, 169
90		Preparo íntimo, 170
91		Alicerces do bem, 172
92		Marcas do Cristo, 173
93		A caminho do Pai, 175
94		Nova Jerusalém, 177

95	Hino à Terra, 179
96	Operários do bem, 181
97	Liberdade suprema, 182
98	No auxílio ao próximo, 184
99	Alvorecer de um novo tempo, 186
100	Talidomida, 188
101	O único caminho, 190
102	Emancipação espiritual da Terra, 192
103	Na espera da paz, 193
104	Esperança, 195
105	Barrabás, 197
106	A escrita de Deus, 198
107	Em louvor à verdade, 200
108	O reto pensar, 201
109	Padrões estabelecidos, 203
110	Abortados, 205
111	Parábolas, 206
112	Caridade, 208
113	Caminhando com Jesus, 209
114	Convocação final, 212

Apresentação

O desenvolvimento dessa obra se realizou de forma muito especial. Samuel Gomes, ao longo de vinte anos, dedicou-se à psicografia de várias mensagens em centros espíritas que frequentou aqui em Belo Horizonte. Nesse tempo, ao participar das reuniões mediúnicas, recebia de vários espíritos conteúdos que ele considerava como sendo simples exercício de desenvolvimento da psicografia. O tempo lhe mostrou que os projetos da espiritualidade ultrapassavam essa crença. Na verdade, quem conhece a primeira obra de Samuel, *A Verdade além das aparências – o universo interior*, pode perceber que essas mensagens o prepararam para abordar com mais amplitude os temas "autoconhecimento" e "regeneração".

Somente algumas mensagens foram assinadas por espíritos conhecidos no movimento espírita brasileiro e sua autenticidade será comprovada pela linguagem e conteúdo com que foram escritas. As mensagens de Emmanuel foram psicografadas enquanto Chico Xavier ainda estava encarnado.

Certa vez, ao se dedicar às visitas fraternas a enfermos, o grupo de trabalho do qual Samuel ainda faz parte, questionou quem seria o amigo espiritual que os dirigia e amparava nessa atividade. No mesmo dia, mais tarde, o médium recebeu uma mensagem do espírito de Fabiano de Cristo cujo título é "No auxílio ao próximo" respondendo à questão levantada.

O fato de as mensagens estarem muito voltadas para o tema da regeneração pode ser interpretado como um chamado do alto para que as pessoas busquem a harmonia sob a inspiração desses ensinamentos sublimes, tão necessários para os momentos de transição pelos quais a Terra passa.

Ao ler essas mensagens consoladoras e de profunda capacidade de entendimento e estímulo, percebemos que seu conteúdo nos alerta para o fato de que a regeneração do ser humano está profundamente vinculada ao autoconhecimento.

Participar da revisão desse trabalho é uma bênção de alcance indescritível por ter partilhado esses ensinamentos com o médium que foram, ao longo do trabalho, ampliados e esclarecidos por ele sob a supervisão atenta dos amigos espirituais, deixando a mensagem de esperança diante dos momentos de aflição pelos quais o Brasil tem passado.

Fica aqui minha eterna gratidão por tantas bênçãos.

Com estas mensagens estamos recebendo aqui um convite inadiável para entrarmos em nosso universo pessoal e identificar em nós os recursos que possibilitarão nossa reforma íntima, no clima da segurança, do otimismo e da leveza que só o processo de autoconhecimento e de confiança irrestrita no Pai pode proporcionar.

Maria José da Costa

Belo Horizonte, junho de 2015.

Introdução
Terra, Mundo de regeneração

Nos dias em que a Terra passa por transformações fundamentais, ampliando suas condições na direção de se tornar um mundo regenerado, é necessário desenvolvermos uma harmonia inabalável para aproveitar as lições que esses dias nos proporcionam por meio das nossas decisões e das nossas escolhas, definindo se teremos direito de permanecer no planeta na condição de trabalhadores da última hora. Em nossa programação reencarnatória nos comprometemos a assumir esse trabalho.

Para os espíritos de todas as hierarquias, poder servir de exemplo e de testemunho em nome de Jesus é um grande privilégio, acrescido do sentimento de gratificação por Seu amor profundo, aproveitando essa oportunidade ímpar

de realizar uma missão como essa. Surge assim, para nós, a oportunidade de viver esse momento.

A Terra do amanhã nos agradecerá o empenho e a dedicação que tivermos nesse trabalho redentor em prol das criaturas humanas.

Os ciclos de crescimento dos planetas atestam a competência do trabalho organizado pelos Cristos Planetários em que a matemática da evolução se concretiza rumo à elevação.

Uma nova jornada se abre para esse mundo que, em sua história, tem sido marcado por muitas dores e guerras, mas também por muitos atos de heroísmo e exemplos edificantes.

A partir de agora, características inovadoras marcarão os fatos e acontecimentos para que ele seja visto na condição de planeta redimido.

Será melhor enfrentarmos esses momentos tão importantes apoiados na única base na qual temos a certeza da vitória: Deus, que é a sustentação do Universo. Em Sua companhia estaremos em constante harmonia na elaboração de nossa regeneração.

Tendo essa certeza em Deus, abrimo-nos para passar por esses dias em um estado de serenidade que, até hoje, somente foi sentido por espíritos de escol que já passaram por suas paisagens trazendo uma mensagem superior de vida e fé.

Estando com Deus nada precisamos temer.

Ele é a razão de tudo e é o Objetivo pelo qual o Cristo tudo fez para que nossos espíritos pudessem aprender, despertar, desenvolver, vencer e reencontrar o Pai numa comunhão profunda.

Esse triunfo tem como prêmio a predominância do espírito sobre a matéria, caracterizando a segunda ordem dos espíritos descrita pelo mestre lionês na obra basilar[1] que é a categoria dos Bons Espíritos.

---
1 Livro dos espíritos, questão 107 - Allan Kardec - FEB Editora.

Para todos vós digo: Seareiros destes tempos de transição, coragem no coração! Inspirai-vos no espírito que sois em essência e na tranquilidade do dever cumprido e, dessa forma, elevaremos a bandeira do orbe que estará estampada em sua face: Terra, mundo de regeneração.

Ismael

Belo Horizonte, junho de 2015.

1. SOMOS Deuses

"Respondeu-lhes Jesus: Não está escrito na vossa lei: Eu disse: sois deuses?"

João 10:34

A claridade superior desce sobre nós.

Os alicerces falsos das glórias humanas com seus reinados transitórios e frágeis estão desmoronando.

Desponta do coração de Jesus para atingir as trevas que ainda persistem na mente humana.

Apesar de parecer distante, o surgimento de uma nova consciência nunca foi tão real, porque a realidade do espírito vai nos envolver determinando o processo de regeneração das criaturas e consequentemente da Terra.

Em todos os cantos da nave terrena será cantado o hino de exaltação que afirmará a vitória do espírito sobre a matéria.

Seremos libertos do cativeiro das paixões – hipermetropia da felicidade do sernos campos imediatos da existência – para encontrarmos a fonte de água viva das nascentes da alegria verdadeira, que corre em cada um de nós.

A luz de Jesus passa a ser percebida por nós somente quando entramos em contato com a nossa própria. Habilitamo-nos então a convergi-la para a Dele num encontro promovido pela luminosidade de outros tantos espíritos perfeitos que já se encontravam, desde a criação da Terra, harmonizados ao brilho da Vida imperecível.

Deus é Vida dentro das vidas que somos nós, até que, perdendo nossas expressões personalísticas, Ele seja a Vida única a existir na eternidade da criação no perfeito cumprimento da fala de Jesus que afirmou que todos somos deuses.

Façamos desenvolver as claridades dessa realidade e, quando for chegada a hora, todos estaremos envolvidos por aquela Luz do princípio e ouviremos novamente, em nossos corações, que seremos reconhecidos por muito nos amarmos.

"Luzes do meu amor, retornareis ao meu coração e achareis o lenitivo da paz que nasce do Meu Pai, vosso Pai também. E daqui para frente, na assimilação dos propósitos que nascem dessa herança, todos são unigênitos Naquele que por amor nos criou e nos sustenta na glória de Sua majestade.

Sede felizes filhos do Meu amor, pois, só no amor, e com o Amor que nos sustenta, encontraremos a felicidade inabalável e permanente.

Filhos Meus e filhos do Meu Pai, sejamos um daqui para frente."

Um servo do Cristo.

Reflexão

Entre em contato com sua força interior e descubra o deus que há em você.

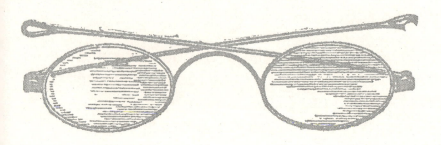

2. DEUS está no COMANDO

"Bem-aventurados os limpos de coração, porque eles verão a Deus."

Mateus 5:8

A bondade celeste sabe extrair de todas as circunstâncias e ocorrências uma finalidade útil a retratar o eterno bem.

Toda forma de interpretação pessoal sobre a vida é uma leitura da alma demonstrando o estágio evolutivo em que se encontra. São marcas deixadas no ser pelas experiências vividas ao longo tempo, nos diversos caminhos percorridos.

Existem momentos em que tiramos conclusões que se ajustam ao bem que almejamos conquistar e que expressam os aspectos elevados da consciência. Em outros, essas conclusões refletem as experiências fixadas no passado, refletindo o mal que trazemos incluso em nós.

São reflexos de nós mesmos, frutos das imperfeições em sintonia com os movimentos inferiores da ignorância acalentada.

Procurar entender que nada acontece sem que a sabedoria do Pai exerça influência direta ou indireta em nossa vida é ultrapassar os limites das percepções meramente humanas e penetrar no desenvolvimento da compreensão. Com esse modo de perceber colocamos o aspecto divino no olhar, sentindo a presença de Deus que está no primeiro comando das ocorrências.

Enquanto utilizarmos os recursos limitados dos raciocínios baseados na existência material, estaremos tirando conclusões precipitadas das necessidades de transformação.

Excluir a bondade do Pai da nossa forma de registrar os fatos da vida é perder a abertura de espaços para que a claridade celeste possa nos mostrar aspectos que só com o sentimento elevado podemos penetrar, mostrando o bem existente em tudo e em todos, e, principalmente no próximo, que é espelho vivo do mecanismo do autoconhecimento.

Reflexão

Use o olhar de Deus para ver o bem em tudo e em todos.

3. morrer para VIVER

"[...] porque, se viverdes segundo a carne, morrereis; mas, se pelo espírito mortificardes as obras do corpo, vivereis."

Romanos 8:13

Nós precisamos saber viver pensando numa forma de nos despedir de tudo e de todos. Será que estamos prontos para partir agora? Quantos abraços sinceros deixaríamos de dar se partíssemos hoje? E quantas palavras de amor poderíamos ter dito? Viver espiritualmente na Terra significa aproveitar melhor a presença das pessoas que nos acompanham a cada momento.

Sofreremos profundamente quando observarmos que perdemos oportunidades lindas de permanecermos mais intimamente ao lado de alguém.

Busquemos, pois, a sabedoria no viver, porque saber viver plenamente é morrer todo dia para fazermos desses momentos especiais dias bem vividos.

A Doutrina Espírita vem nos mostrar o quanto são transitórios os valores desta vida, a fim de aproveitarmos melhor a presença do Pai por meio das pessoas que Ele elegeu para caminhar conosco na estrada das experiências redentoras.

Se pudéssemos perceber a importância de estarmos ao lado das pessoas e poder transmitir-lhes nossos verdadeiros sentimentos, seríamos mais felizes, pois, como Maria, escolheríamos "a melhor parte"[2] da vida.

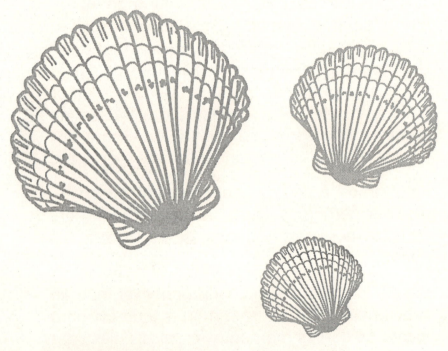

Reflexão

Para morrer bem é preciso o bem viver.

---
2 Lucas 10:42

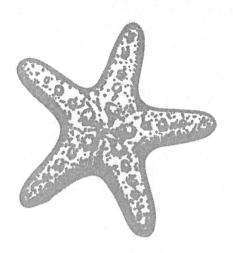

4. uma nova opção

"Eu, porém, vos digo [...]"

Mateus 5:22

O Evangelho – que deve ser o anseio íntimo mais elevado da criatura humana – apresenta uma proposta diferente aos que se interessam por seus ensinamentos.

Se o mundo conclama "revide a violência!", com Jesus somos convidados a oferecer a outra face,[3] como a nos fazer refletir que até agora temos reagido com brutalidade, quando deveríamos agir na paz.

O mundo conclama: "não seja tolo, busque seus direitos!" Mas Jesus nos convida a procurarmos primeiro o Reino dos Céus e o resto nos será acrescentado.[4] Devemos, pois, refletir que, quando seguimos as perspectivas espirituais, as supostas perdas se transformam em grandes aprendizados no campo do desprendimento.

O mundo conclama: "seja feliz agora!" Mas Jesus traduz como felicidade para a humanidade as bem-aventuranças. Sob o enfoque dessa visão

---

3 Mateus 5:39

4 Mateus 6:33

espiritual da vida, bem-aventurados são aqueles que buscam, na imortalidade da alma, os valores que se encontram adormecidos no próprio coração, e que, através do tempo, a mão de Deus faz despertar para a autoiluminação a fim de brilharmos como grandes estrelas no firmamento da eternidade.

Por isso, quando o mundo nos chama a buscar os interesses materiais, temos também o convite do Mestre a repercutir até os dias de hoje: "Eu, porém, vos digo".

Reflexão

Vá mais além em suas conclusões sobre tudo o que acontece a sua volta.

5. A bênção do Esquecimento

"[...] Deus lhes deu espírito de profundo sono: olhos para não verem e ouvidos para não ouvirem, até ao dia de hoje."

Romanos 11:8

Muitos espíritos depois da morte pedem desesperadamente pela anestesia de suas lembranças para poderem esquecer o seu passado.

A bondade divina criou a reencarnação para tamponar as lembranças angustiosas.

Lembranças de crimes hediondos, do abandono de corações queridos, de usurpações indébitas. Lembranças de ontem... Lembranças de hoje.

A sabedoria do Pai colocou junto ao esquecimento vítimas e algozes, agredidos e agressores.

Muitas vezes os braços singelos de uma mãe embalam as lembranças amargas das dores causadas no pretérito.

Somente o Criador em sua misericórdia é capaz de colocar a solução dos problemas nos relacionamentos dolorosos, no amor familiar, nas amizades sinceras e nas abnegações anônimas.

O esquecimento ainda é a chave para a aquisição da paz nos encontros humanos e para a harmonia da vida na Terra.

Reflexão

O esquecimento do passado é bênção do Criador que lhe permite caminhar com otimismo na aquisição da paz.

6. MOTIVAÇÃO

"Por este motivo, te lembro que despertes o dom de Deus, que existe em ti [...]"

2 Timóteo 1:6

Motivar, na expressão da palavra, significa criar estímulos de movimentação do ser na realização dos anseios dentro da vida.

Precisamos ultrapassar os objetivos que visam exclusivamente à sustentação da vida material e ampliá-los para critérios mais elevados, buscando os que se encontram em bases estruturadas por valores novos na conquista do autoconhecimento, de uma relação sadia com todos e o despertar da espiritualidade que nos acompanharão pelas multimilenárias vivências das existências sucessivas.

Sem um objetivo concreto, nas expressões ilimitadas do Universo, restarão apenas anseios que passam, sem verdadeiramente edificarem construções substanciais de nossa elevação.

Motivar-nos com Jesus através de Seus exemplos, descritos nas páginas singelas do seu Evangelho-luz, expressará a definitiva consolidação da felicidade na vida, retratando a grandeza do Pai que se encontra em toda parte.

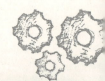

Reflexão

Sinta-se motivado caminhando na companhia de Jesus nas atividades do bem.

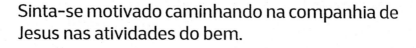

7. Anonimato

"[...] Bom Mestre, que farei para herdar a vida eterna? E Jesus lhe disse: Por que me chamas bom? Ninguém há bom senão um, que é Deus."

Marcos 10:17-18

O anonimato é uma das características da presença de Deus no silêncio da vida, a se expressar na grandeza de Sua obra, e não no destaque de Sua valorização "pessoal". É a ausência total de fatores personalísticos na edificação do bem para que o Autor não se destaque mais que a Sua obra.

Esse objetivo futuro de anonimato é um dos fundamentos daqueles espíritos que já que sabem amar, que percebem a necessidade de diminuírem-se para que a essência da Vida se faça luz e destaque o que é necessário aparecer.

A expressão de Jesus é a síntese do anonimato que Lhe marca a essência espiritual segundo a qual Ele reconhece que bom é só Deus, pois podemos ser apenas canais de Sua manifestação. Diante dos anseios e das expectativas por valores humanos que são transitórios Ele se apoia em Deus, que é permanente.

Buscar destaque para a personalidade é uma característica da ausência desse anonimato em nós. Em quase todas as formas de expressão o eu prepondera: meu nome, meus pais, meus filhos, meu trabalho, minha obra, meus amores, minha casa. São tantos os "meus" que não conseguimos imaginar a vida sem eles.

O espírito em sua natureza essencial é regido pelo anonimato espontâneo, pois não se prende aos aspectos exteriores da vida para exercer sua capacidade de existir e interagir com tudo que o cerca.

Aprendamos por meio do autoconhecimento a construir esse anonimato no âmago do nosso ser, transformando esses aspectos em recursos para operar no bem de forma anônima, para que possamos, um dia, expressar naturalmente as palavras de Jesus, quando diz que "ninguém é bom, senão um que é Deus".

Ser espírito de forma consciente é ser anônimo. Esse fato nos mostra o quanto somos inconscientes da nossa real natureza.

Reflexão

Assumir seu anonimato é conquistar a condição de não depender da aprovação alheia.

8. CONSTRUA um novo olhar

"Não veio sobre vós tentação, senão humana; mas fiel é Deus, que vos não deixará tentar acima do que podeis, antes com a tentação dará também o escape, para que a possais suportar."

1 Coríntios 10:13

Por maiores que sejam as dores da Terra, Deus nos concede a oportunidade bendita do aprendizado e da elevação.

Por maiores que sejam as aflições que nos envolvam em nosso ambiente emocional, busquemos a limpeza mental para a drenagem das impurezas sustentadas no passado.

Por maiores que pareçam os obstáculos a nos desafiar, eles representam trampolins para a evolução.

Por mais monstruosos que se apresentem os condicionamentos fixados, eles são as bases efetivas do crescimento espiritual para o futuro glorioso.

Onde o homem observa ângulos negativos na vida, a bondade encontra recursos para a transformação. São convites para uma nova forma de ver a vida para iluminação definitiva na nossa integração com a celeste sabedoria.

Por isso, quando estivermos em momentos de luta e provação, lembremo-nos de que por trás das dificuldades passageiras, existe apenas a oportunidade de engrandecimento dos princípios espirituais que adotamos, a retratarem os ensinamentos de Jesus, na aferição dos valores da fé.

Reflexão

Por traz de cada dificuldade está a sua oportunidade de aprender e crescer.

9. AMPLIE seu AMOR

"Um novo mandamento vos dou: que vos ameis uns aos outros; assim como eu vos amei a vós, que também vós uns aos outros vos ameis."

João 13:34

Diante das perspectivas de desenvolvimento de uma vida sublimada, sempre encontramos em Jesus o amor em pessoa e a perfeição absoluta a refletir o Criador em sua grandeza.

O exemplo mais significativo que o Cristo nos deixou foi a vivência do amor incondicional por todas as criaturas da Terra.

Por enquanto a expressão desse amor na existência está direcionada quase que exclusivamente aos familiares, aos amigos mais próximos ou àqueles que estão em sintonia com desejos.

Somos convidados por Jesus a estender o raio de atuação do nosso amor para alcançar as necessidades de todos que a confiança do Pai coloca no caminho.

O Mestre deu testemunho desse amor pleno nos momentos de sua crucificação e de sua ressurreição quando perdoou aqueles que, pouco antes, O haviam abandonado, agredido, maltratado e traído.

Sentir amor por todas as criaturas é iniciar o programa que o Cristo deixou nas letras vivas no seu Evangelho.

Sentir Jesus.

Pensar com Jesus.

Viver em Jesus, e Nele sobreviver.

Eis a meta daqueles peregrinos que já começaram a jornada definitiva da construção da sua paz.

Reflexão

Você pode expandir o raio de atuação do seu amor, direcionando-o para além do seu círculo de convivência.

10. Paralisias

"Pois que os espíritos imundos saíam de muitos que os tinham, clamando em alta voz; e muitos paralíticos e coxos eram curados."

Atos 8:7

O corpo é o instrumento do espírito para a colaboração com o Pai no auxílio da vida.

É na paralisia do corpo que a lei de causa e efeito opera ostensivamente, apresentando a colheita obrigatória da semeadura espiritual.

As limitações que a dor e o sofrimento trazem são verdadeiros campos de sublimação da alma, pois se nessas circunstâncias nos apresentarmos sem queixas e sem revolta, com compreensão e aceitação dos desígnios da Vida, conseguiremos vivenciar as lições pelas quais vamos corrigir os erros do passado. Conquistamos, então, a eliminação da culpa na consciência e nos reintegramos à justiça que rege todo esse trabalho.

Entendamos que essas deficiências têm como matriz a paralisia moral de ordem interior.

É sobre essas deficiências que devemos focar a nossa cuidadosa atenção, para não nos colocarmos na posição dos paralíticos descritos no Evangelho do Cristo que apresentavam o ódio que traz a paralisia diante do amor, do orgulho que bloqueia a humildade, do ciúme que envenena a confiança nas relações, a inveja que bloqueia os potenciais de progresso. São inúmeras as deficiências morais que, se não forem transmutadas, nos jogarão nas deformidades físicas.

Ajudemos os deficientes que cruzam o nosso caminho, mas fiquemos atentos às tendências morais para não estar entre os que chegam à vida maior mutilados de valores nobres e constrangidos pela lei de retorno a voltar como doentes que trazem em si a difícil possibilidade de cura.

A vida é movimento e quando entramos nessa dinâmica na companhia de Jesus realizando o bem possível, estruturaremos o corpo espiritual pleno de saúde a refletir a túnica celestial no casamento íntimo com a verdade maior.

Reflexão

Identifique os sentimentos e valores que paralisam sua vida e ultrapasse os limites que você construiu.

11. BONDADE

"Porque, noutro tempo, éreis trevas, mas, agora, sois luz no Senhor; andai como filhos da luz (porque o fruto do Espírito está em toda bondade, e justiça e verdade), aprovando o que é agradável ao Senhor;"

Efésios 5:8-10

Bondade, palavra sublime e bela comentada por muitos, mas ainda sentida por poucos. Necessidade básica de todo cristão que busca em Jesus a definitiva associação com o movimento da vida universal que é reflexo do pensamento do Pai em toda parte.

Recebê-la é o desejo de todos, mas desenvolvê-la profundamente para aplicá-la ao próximo é a grande finalidade de sua expressão.

Como seria a humanidade se essa bondade fosse apenas anseio e não uma conquista efetiva em nossas vidas?

Nós só não somos mais felizes porque o registro dessa virtude, no livro sagrado da consciência, ainda se encontra mais próximo do querer do que do viver.

A bondade ainda é escassa na vida de cada um, mas chegará o dia em que ela será a bandeira única que estabelecerá em definitivo a paz tão almejada por todos, para que o planeta se torne um mundo divino e ditoso a retratar a glória de Deus.

Reflexão

Deus se manifesta por meio de seus pequenos gestos de bondade.

12. RENOVAÇÃO dos Impulsos

"E como vós quereis que os homens vos façam, da mesma maneira fazei-lhes vós também."

Lucas 6:31

Almejar a paz, procurando desenvolver a tranquilidade na vida e na relação com os semelhantes.

Solucionar os problemas alheios, por meio da resolução dos nossos próprios, sob a inspiração da misericórdia celestial.

Contemplar a grandeza do Criador, utilizando as pequeninas coisas na operação do bem possível de cada dia.

Adotar os exemplos de Jesus, desenvolvendo-os em nós mesmos em primeiro lugar.

Observar as disciplinas necessárias para a educação das dificuldades pessoais antes de impô-las aos outros.

Estudar constantemente, no intuito de aprimorar a inteligência para os fins elevados que a vida a destinou.

Trabalhar repetidamente na seara do bem para a educação dos espíritos, a fim de lapidarmos as imperfeições que carregamos no trato com o semelhante necessitado.

Essas, dentre outras, são apenas algumas dicas simples na renovação dos impulsos de natureza inferior, para alcançar, em definitivo, as conquistas elaboradas pelos arquitetos de nossa reencarnação.

Reflexão

Faça o bem em favor dos outros, e o bem retornará espontaneamente à sua vida trazendo paz e harmonia.

13. na esfera
DO CRISTO

"Respondeu-lhe Simão Pedro: Tu és o Cristo, o Filho do Deus vivo."

Mateus 16:16

Até hoje os valores espirituais receberam interferência das experiências no plano físico por meio das conquistas de ordem social, científica e religiosa; e no plano espiritual, o impacto das escolhas felizes ou infelizes, dos acertos e das ilusões, dos bons ou maus relacionamentos. Essas duas realidades representam os setores de desenvolvimento que nos preparam para entrarmos na era do espírito determinando o fim da ignorância e da maldade.

A consciência espiritual cada vez mais dilatada vai se sobrepor às influências da matéria que distorcem os objetivos nobres da vida e suas finalidades superiores.

Não seremos mais regidos por interesses transitórios e superficiais ampliando continuamente as possibilidades de ação e novas conquistas.

Os valores que estavam desenvolvidos apnas pela lógica e pela razão ganham novos recursos

para que possamos sentir virtudes como o amor, a bondade, a compaixão e a caridade, saindo dos aspectos superficiais para as manifestações do espírito de forma espontânea.

Ver a vida pelas lentes do sentimento será o modo natural de viver. Como referência espiritual dessa nova era da Terra, Maria de Nazaré surge como símbolo dos sentimentos limpos. Ao atingirmos a pureza emocional de Maria, o Cristo nascerá dentro de cada um de nós na compreensão do Evangelho com mais clareza, por usarmos o coração como meio de seu entendimento.

A sensibilidade da alma será a predominância da vida abrindo portas para que novas gerações de seres elevados e nobres venham habitar a Terra.

Se a influência do Cristo veio com a sua presença física há mais de dois mil anos, sua volta se dará dento de nós ao encontrarmos as potências do espírito.

Reflexão

Seus sentimentos nobres serão o berço onde Jesus renascerá.

14. SUBLIME expiação

"[...] Bem-aventurados vós, que agora chorais, porque haveis de rir."

Lucas, 6:21

Transformar as lutas necessárias, que nos aprimoram a alma, em bênçãos de aprendizado, é elevar a percepção da vida para que Deus possa participar de forma mais direta em nossa existência.

Longe de Sua presença, estaremos entregues à rebeldia nas experiências do sofrimento e da dor, quando, na verdade, existem aprimoramentos e desenvolvimentos espirituais.

Somente com a pacificação dos sentimentos compreenderemos que a mágoa destrói as ilusões, induzindo-nos ao caminho da real satisfação; a tristeza retifica o excesso das expectativas adequando nosso querer ao equilíbrio; a inveja é estímulo de progresso na conquista dos valores pessoais e a culpa é agente sinalizador de que as atitudes não foram as melhores, nos indicando a mudança de hábitos.

A diferença está na forma em que vivenciamos todas essas experiências: com Deus ou sem Ele.

Na companhia do Pai, ao corrigirmos os erros do passado em patrimônios de elevação, que nos colocam em definitivo como seguidores de Jesus, transformaremos os acontecimentos dolorosos em sublime expiação.

Reflexão

Expiar não quer dizer aceitar o sofrimento na inércia, mas, compreender sua finalidade educativa.

15. ao lado de JESUS

"Bem-aventurados sois vós quando vos injuriarem, e perseguirem, e, mentindo, disserem todo o mal contra vós, por minha causa."

Mateus 5:11

Em todos os compromissos o homem se vincula com aqueles que estão de acordo com seu interesse pessoal.

Diante disso, poucas são as pessoas que se comprometem em aplicar os preceitos do Cristo. Nessas circunstâncias, muitos dos continuadores do Mestre também O seguem somente com palavras e gestos superficiais.

Poucos são os que O colocam no cenário do coração para expressá-Lo por gestos de compreensão diante dos erros alheios; com respeito às necessidades e aos direitos do outro; com paciência e tranquilidade diante do tempo necessário para que as coisas aconteçam; para cultivar a gentileza nos pequenos gestos das relações e outros tantos aspectos da vida que poderiam transformar o dia a dia.

Para que essas atitudes sejam realizadas é necessário valorizar e aplicar Sua mensagem em nosso íntimo, construindo uma vida com mais felicidade e paz para nós e para os que convivem conosco.

Jesus é o bálsamo de esperança.

Façamo-nos instrumentos d'Ele que é o caminho, a verdade e a vida, pois, colocando-O em nossa companhia, nos candidatamos a encontrá-Lo pessoalmente, no caminho da ascensão. Esse e contro será como uma coroa da vitória sobre as imperfeições e estaremos também contribuindo com o trabalho de sustentação do bem para a Terra.

Reflexão

Eleja Jesus como seu melhor amigo e não se sinta sozinho.

16. CRISTOS

Respondeu-lhe a multidão: Nós temos ouvido da lei que o Cristo permanece para sempre, [...]"

João 12:34

Jesus representa a certeza da vitória espiritual nas lutas planetárias pelo caminho da evolução.

Ele é a somatória do desenvolvimento através de infinitas vidas e por Ele veremos que esse desenvolvimento também nos aguarda, pois Deus é justo e proporciona a todos os seus filhos as mesmas possibilidades de progresso espiritual.

Todos nós seremos "cristos" dentro da eternidade gloriosa.

Não nos preocupemos com o tempo necessário para que esse irrevogável destino aconteça.

A justiça do Pai determina a cada pessoa ser um espelho a Lhe refletir nas menores coisas e situações. Ele espera apenas que façamos a parte que nos toca no trabalho de arar o campo sublime localizado em nossos corações.

Firmemos os pensamentos e atos nas expressões sublimes das virtudes que refletem o próprio Criador e nesse movimento de perseverança, seremos também a referência crística para outras tantas criaturas localizadas na imensa família universal.

Reflexão

Existe em você um cristo. Tome posse dessa realidade fazendo sempre o melhor.

17. maioridade Espiritual

"Quando eu era menino, falava como menino, sentia como menino, discorria como menino, mas, logo que cheguei a ser homem, acabei com as coisas de menino."

1 Coríntios 13:11

A fase da infância espiritual das pessoas que vivem na Terra está passando, e a sublime marca do Cristo determina a construção da maioridade espiritual como referência das transformações

dos seres em desenvolvimento simultâneo com o do planeta que nos abriga, deixando as marcas da inferioridade para trás.

A constância na prática da caridade será, para toda a humanidade terrena, o aspecto que mostrará as elevadas propostas determinadas pelos organizadores siderais em comunhão com a mente do Cristo.

Jesus é a referência ideal para todos os que almejam atingir a maioridade espiritual, pois Ele é o "modelo e guia da humanidade"[5] para a concretização desse objetivo de vida que todos, um dia, fatalmente irão refletir.

Expressar Sua essência em nossos pensamentos e ações será a certeza de que ultrapassamos a linha divisória dessa maioridade que estabelecerá na Terra o Reino de Deus anunciado por Ele há mais de dois mil anos.

A vitória é certa, mas depende de cada um de nós, nesse momento de transição planetária, querer ou não alcançá-la.

Que a paz esteja com todos!

Reflexão

Fazer o seu melhor é buscar sua maioridade espiritual.

---

[5] O livro dos espíritos, questão 625 – Allan Kardec - FEB Editora.

18. EDIFICAÇÃO dos valores eternos

"Quanto a estas coisas que vedes, dias virão em que se não deixará pedra sobre pedra que não seja derribada."

Lucas 21:6

Os alicerces mais perfeitos para as criaturas humanas estão delineados pela mensagem elevada do Evangelho de Jesus, o construtor da nossa renovação no bem.

Essa construção se ergue com base nos esforços que cada um imprime para abrir espaços íntimos para que as mãos invisíveis dos arquitetos divinos possam trabalhar na transformação da argila simples que somos em tijolos firmes e sólidos, construídos a partir das conquistas reais.

Com os elementos simples de nosso espírito, como a areia da razão desenvolvida e a água dos sentimentos puros, formaremos o cimento dos valores conquistados no tempo para alcançar a edificação da grandeza espiritual.

No campo dessas construções íntimas não ficará pedra sobre pedra que não seja derrubada. Com essas palavras, Jesus afirma que as construções de ordem humana darão lugar àquelas que refletem os pensamentos sublimados do Arquiteto dos céus a se estruturarem no amor e na verdade.

Reflexão

Se você quer reconstruir sua vida reconstrua também as suas crenças.

19. SE PROGRAMANDO PARA VENCER

> "E quem não toma a sua cruz, e não segue após mim não é digno de mim."
>
> Mateus 10:38

Nós nos comprometemos com o progresso espiritual antes do renascimento na Terra. Fizemos promessas elaboradas sob a influência consciente dos erros e das falhas do passado, fomos amparados pelos mensageiros do alto que abonaram e trabalharam para que alcançássemos os resultados almejados por nós e por eles, a fim de dilatar as condições espirituais e auxiliar na mudança que o planeta vive.

Agora, durante essa encarnação, nos cabe colocar em prática tudo o que foi programado, deixando de lado a tendência à acomodação, o medo da crítica, a importância dos julgamentos alheios, as predisposições da vaidade e da ostentação, buscando no Evangelho a orientação precisa para a realização das mudanças.

As dificuldades do passado que trazemos em nós são a matriz que hoje influencia as escolhas nos conduzindo muitas vezes ao descumprimento dessa programação. Devemos fazer a nossa parte no que toca às responsabilidades assumidas cumprindo procedimentos simples:

- desenvolver a vontade firme e persistir para evitar a estagnação;

- realizar o estudo das realidades espirituais para direcionar as escolhas de forma mais assertiva;

- buscar a caridade como estilo de vida diminuindo a capacidade de errar.

Esses pequenos gestos aumentarão as chances de cumprir a programação reencarnatória. Tomemos com alegria a cruz dos desafios de crescimento seguindo com segurança e sendo dignos da companhia de Jesus.

Reflexão

Na companhia de Jesus as lutas da existência ficam mais leves.

20. FUNERAIS

" [...] Senhor, deixa que primeiro eu vá enterrar meu pai. Mas Jesus lhe observou: Deixa aos mortos o enterrar os seus mortos; [...]"

Lucas 9:59-60

A proximidade do túmulo convida o espírito a fazer reflexões quanto ao que se fez diante das experiências da vida.

Os funerais representam uma adaptação à ideia da imortalidade da alma, tanto para aqueles que vão como para os que ficam.

Nessas ocasiões de despedida, encontramos tanto a superficialidade dos que se prendem ao campo das manifestações sociais, quanto as expressões de extremo sofrimento e revolta diante da temporária separação, manifestando a imaturidade espiritual para lidarmos com a morte.

Nesse momento da partida evidenciamos com mais ênfase as ações de sucesso ligadas ao campo das conquistas materiais do que as características espirituais e eternas do ser.

Dias virão em que as expressões da morte na Terra serão tratadas com os valores devidos, tomando por base as de qualidades morais desenvolvidas durante a vida.

Nascer e morrer são portas de entrada e de saída dentro da dinâmica evolutiva, reservada a todos nos infinitos planos da vida.

Em futuro breve, nossas manifestações quanto aos sepultamentos serão contempladas e valorizadas por comportamentos mais elevados e em sintonia com a realidade da vida espiritual que projeta futuros reencontros de corações.

A morte promove a igualdade dos seres humanos, deixando para trás as expressões transitórias e seus valores passageiros.

É o convite para que percamos, aos poucos, as ilusões que refletem a fragilidade do ego transitório e sigamos em busca do encontro com o Self – espírito eterno – para as manifestações simples e sagradas do ser.

Reflexão

Diante das despedidas inevitáveis, desenvolva sua crença de que vida continua, tanto para você como também para aquele que partiu.

21. águas
DIVINAS

"E os seus pés, semelhantes a latão reluzente, como se tivesse sido refinado numa fornalha; e a sua voz, como a voz de muitas águas."

Apocalipse 1:15

Benditas são as águas do Criador que nos proporcionam a limpeza necessária das imperfeições.

Reflitamos sobre algumas delas:

• águas do sofrimento redentor, que fazem com que as criaturas se sensibilizem ante as novas perspectivas da vida;

• águas do suor no trabalho árduo e constante, que nos aperfeiçoam as habilidades e os sentimentos nos labores da alma;

• águas da missão abençoada da caridade, que abraça os caídos para lavar as próprias imperfeições junto às dores alheias.

Essas, entre muitas outras, são águas da redenção que fornecem às criaturas roteiro seguro para a perfeição por meio do burilamento do ser no encontro com Deus.

Mas existem aquelas outras águas, um pouco diferentes das primeiras, que representam os elementos da própria intimidade:

• águas do conhecimento superior, que nos lavam a inteligência, para que voe além da visão humana na interpretação da vida;

• águas da reforma íntima, por meio do autoconhecimento, que nos leva à disciplina dos impulsos inconscientes;

• águas da oração, que nos ligam a Deus por meio do auxílio sem busca de reconhecimento, a fim de que os elogios sejam elevados à grandeza do Pai amado;

• águas da educação, do amparo e do perdão.

São águas com as quais o ser fará o verdadeiro batismo do espírito em sua romagem constante nas vidas sucessivas.

Reflexão

Acredite em você e mergulhe na sua transformação.

22. Resignação

"Bem-aventurados os que choram, porque eles serão consolados."

Mateus 5:4

É muito difícil compreender os acontecimentos da vida unicamente pela razão humana.

Os mais simples fatos possuem nuances que escapam à mais aprimorada inteligência na Terra.

O ser necessitará de muita experiência para compreender os desígnios do Alto. Aos olhos da humanidade, o sofrimento representa um obstáculo à felicidade na Terra, e para a espiritualidade maior ele nos conduzirá à perfeição. No cotidiano da vida, os sorrisos de alegria se transformam em lágrimas e muitas lágrimas se transformam em experiência e maturidade. Sonhos acalentados se transformam em desilusões e muitas decepções nos conduzem ao desenvolvimento dos valores reais da alma.

Lágrimas, sorrisos, decepções e maturidade são elementos que fazem parte do progresso.

Somente por meio do entendimento profundo das experiências desenvolveremos a capacidade psíquica da resignação, aspecto luminoso da compreensão.

Saber sentindo será a trajetória do progresso interior em direção do amadurecimento das almas, filhas da eterna Sabedoria.

Reflexão

A resignação lhe trará maiores possibilidades de se ver como filho de Deus e melhor entendimento sobre Suas determinações a seu respeito.

23. amar é o CAMINHO

"Amarás, pois, ao Senhor, teu Deus, de todo o teu coração, e de toda a tua alma, e de todo o teu entendimento, e de todas as tuas forças; este é o primeiro mandamento. E o segundo, semelhante a este, é: Amarás o teu próximo como a ti mesmo."

Marcos 12:29-31

Quando os roteiros da caminhada humana falharem, Jesus, expressão mais elevada de vida na Terra, será sempre o Mestre e o Guia para que possamos vencer as batalhas internas e externas, seguindo sempre o Seu ensinamento que nos diz para amarmos a Deus sobre todas as coisas e ao próximo como a nós mesmos.

Sua elevada mensagem de amor deverá ser a verdadeira finalidade de todas as criaturas para alcançar em definitivo a eterna perfeição.

Refletindo o preceito do Mestre, de que seremos conhecidos como seus discípulos por muito nos amarmos,[6] é que começaremos a alcançar as condições de singelos discípulos de Jesus, amando uns aos outros e prestando o respeito devido a cada um.

---

6 João 13:35

Não basta apenas almejarmos essa posição pelas expressões simples das palavras; o esforço diário e contínuo no trato do dia a dia é que estabelecerá, em definitivo, o trabalho que cabe a cada um de nós.

A mensagem do Evangelho se torna mais bela quando efetivamos a vivência por meio do afeto.

Mostrar que Jesus habita em nós é a necessidade urgente de todos que se candidatam à tarefa de transformação interior na escola que representa a Doutrina Espírita.

Continuemos firmes nos anseios de progresso na certeza de que estamos caminhando para a vitória que precisamos conquistar em definitivo sobre o homem velho.

Reflexão

O amor nos pequenos gestos é a melhor mensagem que você pode dar.

24. Requisitos Básicos
DE CRESCIMENTO

"E o escriba lhe disse: Muito bem, Mestre, e com verdade disseste [...]"

Marcos 12:32

>Paz de espírito.
>
>Serenidade no coração.
>
>Simplicidade nas palavras.
>
>Elevação das intenções.
>
>Confiança irrestrita em Deus.

Esses são alguns pontos básicos para que dilatemos na Terra a presença espiritual dos emissários de Jesus, tornando-nos instrumentos preciosos a refletir com tranquilidade o pensamento augusto do Criador.

André Luiz

Reflexão

Seu crescimento ocorre no exercício do bem possível e na companhia dos amigos espirituais.

25. O BEM maior

"No princípio era o Verbo, e o Verbo estava com Deus, e o Verbo era Deus.

João 1:1

Prezados irmãos em Jesus, que a paz que nasce de Sua majestosa influência modifique as impressões de nossas almas, ainda filhas da ignorância e da maldade acalentadas conscientemente, na maioria das vezes.

Chegou o tempo de sentir de forma natural Sua mensagem, já que ela manifesta a origem da criação.

O Criador é o princípio e o fim das experiências no tempo e no espaço e chegaremos um dia a dizer, como Jesus, que seremos um com o Pai.[7]

Percebam as frágeis expressões da felicidade humana bem como seus enganos que geram sofrimento e perturbação.

O espírito deve predominar sobre a fragilidade da matéria, que representa apenas a vestimenta laboriosa ainda necessária para o despertar de sua potencialidade adormecida.

A vontade cederá à espontaneidade do sentir e o bem será, para todos, o anseio de felicidade e de paz.

---

[7] João 10:30

O amor fraterno será a bandeira de todos.

Jesus é o modelo e guia a nos orientar até que alcancemos o cristo interior, que é o espírito que trazemos adormecidos em nós na sua natureza imortal.

O ser, como pedra preciosa da essência divina, renascerá das experiências humanas.

Um sol brilhará em todos os horizontes por meio de uma visão única de Deus na terra. A vida florescerá colorida por emoções leves e equilibradas a entoar a melodia espiritual de Jesus, que é o Verbo da criação terrena.

A Terra se transformará em um mundo mais elevado, começando a refletir a substância de amor que permeia toda a Criação.

Elevação e plenitude serão os marcos daqui para frente e seremos chamados pela Sua voz clara e profunda a nos tanger a alma para edificação da paz que almejamos e que irá refundir nas nascentes do espírito.

Sejamos firmes na decisão de operar no bem e o Bem Maior chegará a todos.

Muita paz!

Um servo do Cristo

Reflexão

Descubra em você a capacidade de ser também o verbo divino da criação.

26. NA SEARA do Mestre

"E outro anjo saiu do templo, clamando com grande voz ao que estava assentado sobre a nuvem: Lança a tua foice e ceifa, porque é chegada a hora de ceifar, porque já a seara da terra está madura."

Apocalipse 14:15

A seara do Mestre Jesus representa o campo extenso de nossa intimidade à espera da utilização dos recursos e capacidades colocadas em nós por Deus para a estruturação do Seu reino alicerçado na renovação íntima para o encontro com a harmonia universal.

Somente no trabalho efetivo de transformação do viver, visando ao Bem, edificaremos esse reino.

Esse novo viver irá iluminar as trevas que possuímos, abrindo amplas possibilidades de desenvolvimento no campo material e espiritual.

Jesus está sempre nos convidando para a execução desse trabalho. As suas expressões são claras quando afirma que o reino dos céus não virá em aparências exteriores.[8]

---

8 Lucas 17:20

O verdadeiro trabalho de transformação não ocorre externamente. Inicia-se com a desafiadora entrada em nosso mundo interior, desbravando as terras dos corações.

Reflexão

O seu mundo íntimo é o seu maior campo de sua atuação.

27. No caminho para os PLANOS ESPIRITUAIS

"Quanto a estas coisas que vedes, dias virão em que se não deixará pedra sobre pedra que não seja derribada."

João 4:23

O caminho da espiritualização é um determinismo para todos os seres criados por Deus e todos devem percorrê-lo de forma consciente.

A negatividade que visita o orbe nesses tempos de transição não apagará a semente viva da fé que é a própria consciência do espírito.

A importância do materialismo passará por se tratar das expressões da natureza humana, pois

o destino final é a perfeição que já vigora nos campos espirituais da Vida Universal.

Jesus é, para nós, a referência real de um espírito puro e é expressão permanente da vida eterna.

As ideias imaturas que imperam na mente vão se transformando e, cada vez mais, se aproximam da realidade do ser imortal. Assim, Ele rege de forma muito natural as condições transitórias da natureza material para demonstrar que tudo está subordinado à Sua influência.

Somos hoje os intérpretes dessas verdades, pois escolhemos estudar e seguir a mensagem de Jesus nos moldes novos que Allan Kardec colocou para preparar os caminhos de transformação que o planeta exige no amadurecimento da humanidade. Somos convidados pelo Mestre divino a promover o engrandecimento dos valores que o mundo espera que cada um de nós possa oferecer em prol do muito que temos recebido da Sua amorosa influência.

Sejamos os corajosos seguidores do Cristo em favor da regeneração do planeta para que, no amanhã, tenhamos o merecimento de um retorno mais equilibrado tanto das condições íntimas, quanto para um orbe mais feliz onde já se percebe a vitória do espírito sobre a matéria.

Inspira-nos a mensagem do Evangelho que é o roteiro de libertação para que, em futuro breve, possamos atingir as regiões siderais cuja beleza e grandeza nos esperam para o encontro com nosso Pai – objetivo maior de toda a trajetória evolutiva.

Paz em Jesus, do servo e sincero amigo.

Emmanuel

Reflexão

Você é o intérprete das verdades espirituais para si mesmo e para todos que cruzarem seu caminho.

28. A VIDA sempre muda

> "Na verdade, na verdade vos digo que quem ouve a minha palavra e crê naquele que me enviou tem a vida eterna e não entrará em condenação, mas passou da morte para a vida."
>
> João 5:24

As interpretações humanas representam uma percepção superficial e precipitada da realidade, sustentando uma visão deturpada da grandeza do Criador. Assim, vemos a morte dos entes queridos como um inevitável e doloroso fim da convivência. Diante das graves enfermidades, somente percebemos o mal que nos acomete como injustiça e punição. Nos problemas que contrariam os ideais, apenas vemos fracasso e decepção.

A vida grita em toda parte, para que possamos enxergar mais além. A morte, na verdade, abre as portas para a vida superior que nos aguarda no plano espiritual, sinalizando com um até breve. Nas enfermidades aprendemos os caminhos para construção de uma saúde permanente, por meio do equilíbrio das emoções e dos pensamentos. Os problemas são desafios que convidam a inteligência para soluções mais criativas.

No fluxo incessante da vida, morrem as estruturas transitórias da matéria para que os valores eternos do espírito se estabeleçam após cada desafio superado, como manifestação da sabedoria do Criador.

Nessa dinâmica, os amores não morrem e nem se separam.

As possibilidades sublimes da vida aguardam todos nós, esperando apenas que as mensagens de Jesus sejam eleitas como fator propulsor da elevação da consciência. Sempre vitoriosa, a vida quebrará em definitivo as falsas concepções da existência, proporcionando sempre uma porta aberta para que nos identifiquemos finalmente com a nossa realidade espiritual e eterna.

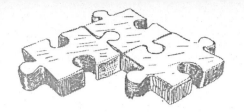

Reflexão

Diante das perdas você vai descobrir que só a vida permanece.

29. soluções IMEDIATAS

"Bem-aventurados os que têm fome e sede de justiça, porque eles serão fartos; [...]"

Mateus 5:6

Na maioria das vezes as pessoas buscam soluções imediatas para seus problemas, quando deveriam aguardar, sem ansiedade, a bondade celeste que, somada ao esforço pessoal, alcançaria uma solução efetiva desses problemas. A origem desses problemas se perde nas experiências seculares e se apresentam como reflexos, influenciando os acontecimentos transitórios da existência física.

O trabalhador de Jesus deve sempre guardar-se em Deus para as soluções definitivas dos problemas, que na maioria, das vezes são desafios que a sabedoria celeste nos encaminha com o objetivo de autossuperação.

Nada foge às determinações da sabedoria excelsa do Criador.

Romper com a carapaça das deficiências morais ainda é a grande luta de todos nós que buscamos seguir o Amigo da humanidade terrena.

Seus ensinamentos ainda são os melhores indicativos para a vitória de cada um diante dos desafios da vida presente.

Jesus nos convida para ir até Ele quando estivermos sobrecarregados e nos colocarmos sob o Seu jugo que é leve e suave.[9]

Viver a essência da mensagem crística é direcionar as escolhas para Deus, despertando as forças que precisamos na sustentação da vida em todos os seus campos de expressão.

Somente por meio da real necessidade de abraçar-Lhe a causa – jugo elevado do amor – é que vamos nos dispor a resolver em definitivo os desafios de crescimento que nos proporcionam a leveza da consciência em paz

Reflexão

Evite as soluções imediatas, pois elas o impendem de ver com mais eficácia a realidade dos fatos.

30. VENCER O MUNDO

"[...] para que possais andar dignamente diante do Senhor, agradando-lhe em tudo, frutificando em toda boa obra e crescendo no conhecimento de Deus;"

Colossenses 1:10

Uma das preocupações que surge para os que buscam o progresso espiritual é a de realizar esse processo de forma rápida.

Não precisamos ter pressa para as transformações, mas precisamos buscar a persistência na aspiração de crescer e melhorar. Evoluir sem passar pelos contratempos que exigem dos espíritos esforço e perseverança em mudar é ilusão.

A autossuperação nos embates da vida é a diretriz para a vitória espiritual na Terra. Poderemos então dizer como Jesus: "eu venci o mundo".[10]

Vencer o mundo começa pela superação das condições interiores, conquistando a vitória sobre as imperfeições e transformando-as em valores da alma.

Vencer o mundo é vencer-se!

---

10 João 16:33

Reflexão

Sua maior vitória é vencer suas limitações e dessa forma vencer as influências do mundo.

31. uma nova GERAÇÃO

"E com muitas outras palavras dava testemunho, e os exortava, dizendo: salvai-vos desta geração perversa."

Atos 2:40

Em passado recente o progresso foi dinamizado pelo desenvolvimento da razão que ampliou os processos do conhecimento. Agora o homem é chamado a desdobrar esse progresso nos caminhos interiores do ser observando o que pensa e o que sente sobre esse novo enfoque.

A conclusão dos ciclos de aquisição de experiências é simbolicamente considerada como uma geração, delimitando assim o processo de crescimento em etapas. Podemos dizer que a geração que retrata um grupo de reencarnações despertadoras dos campos intelectuais se conclui, abrindo-se agora uma nova geração.

Nessa nova geração o fator que irá determinar a qualidade de progresso é o sentimento. Ao invés de pensar para agir somos chamados a sentir para agir.

Dentro desse novo aspecto não poderemos mais atender aos impulsos emocionais do passado evitando direcionar as ações baseadas na mágoa, na raiva, na tristeza e em outros tantos condicionamentos emocionais que têm nos levado a ignorar a bondade, a fraternidade e o autoamor.

Os sentimentos desenvolvidos por essa nova geração vão operar a transformação necessária para que possamos vivenciar a plenitude dos sentimentos puros e verdadeiros que nascem de Deus.

As gerações passarão de forma necessária até que nos identifiquemos com a "Sabedoria infinita e com infinito Amor",[11] processos esses que são as forças sustentadoras da vida universal.

Reflexão

Trabalhe o desenvolvimento sadio de seus sentimentos e experimente uma nova geração de valores.

---

[11] Pensamento e vida, Introdução – Emmanuel através da psicografia de Chico Xavier - FEB Editora.

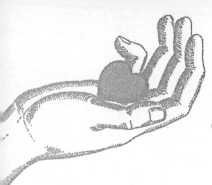

32. Caridade SEMPRE

"O amor não faz mal ao próximo; de sorte que o cumprimento da lei é o amor."

Romanos 13:10

O homem habituou-se a reagir com egoísmo, exteriorizando o azedume nos contatos cotidianos, que lhe invadem o mundo mental. Porém, deveria pensar nos propósitos elevados dos mensageiros do Pai, que retratam a mensagem do bem.

Somos chamados na atual circunstância planetária a agir com sabedoria, desenvolvendo a empatia, que é a capacidade de sentir o que o outro sente, entender o que ele quer, de perceber o modo como ele apreende a vida, procurando nele os reflexos de nós mesmos para acertar nos mais simples campos do relacionamento humano.

Por isso Allan Kardec, o sábio instrutor e organizador do pensamento espiritual para a renovação da Terra, nos indicou sob a inspiração do alto o marco e a regra de que fora da caridade não há salvação.[12]

---

12 O evangelho segundo o espiritismo, Capítulo 15 - Allan Kardec - FEB Editora.

Pelas portas dessa face do amor seremos reflexos do pensamento elevado que rege a vida em todos os lugares.

A caridade é a extensão da presença do Pai nas atitudes que dão qualidade às nossas ações e é a força que permeia a vida em todo o orbe.

Pelo bem vivido e sentido elevaremos os padrões do afeto para conduzir os seres à felicidade tão buscada por todos nós.

Emmanuel

Reflexão

Exercitando a fraternidade você se insere na força que sustenta a vida em todo o Universo.

33. aprimoramento ÍNTIMO

"Porque, segundo o homem interior, tenho prazer na lei de Deus."

Romanos 7:22

Buscamos constantemente o aperfeiçoamento das técnicas e das ciências humanas. Esse é um investimento de grandeza indiscutível para fazer diminuir na Terra o sofrimento e a dor.

Mas nos tempos atuais, nunca se viu tanta conquista no campo dos interesses externos da vida e uma grande decadência de valores e conquistas no campo íntimo dos homens.

O aprimoramento é o objetivo mais importante no cenário dos tempos de transição que estamos vivendo.

Enquanto o homem não entender que o Reino dos Céus não vem com aparências exteriores[13], buscará em vão a paz que tanto almeja.

Essa paz está dentro de nós e é aí que o grande investimento do crescimento definitivo deve ocorrer.

Paz de consciência, emoções equilibradas e intenções e interesses dignificados no bem implantam esse Reino de Deus em nós.

Reflexão

Seu aprimoramento íntimo depende se suas escolhas e ações diante das decisões na vida.

13 Lucas 17:20

34. APELO de contribuição

"[...] e amarás o teu próximo como a ti mesmo".
Mateus 19:19

A espiritualidade amiga concede-nos a proteção que tanto almejamos, que se expressa no ventre materno que nos acolhe, na presença paterna que nos educa, nos professores que ampliam a nossa inteligência, na sociedade que desenvolve a habilidade de nossas relações, e em muitas outras expressões da generosidade providencial. Diante do muito que recebemos, não devemos nos esquecer de auxiliar, por nossa vez, àqueles necessitados que se encontram próximos.

Os amigos espirituais amparam os projetos de crescimento e de aprimoramento, na esperança de que possamos contribuir também para as realizações e os empreendimentos alheios, em que a intervenção positiva lhes enriquecerão as ações para a eternidade.

Esses desvelados amigos ajudam-nos na construção da nossa paz, na exata medida em que proporcionamos tranquilidade à vida alheia.

Estão sempre nos favorecendo com o bem-estar que a vida material pode nos oferecer, aguardando o conforto que podemos dar nas aflições íntimas daqueles que comungam conosco da caminhada terrena.

Sejamos instrumentos do Criador, levando a resposta da providência divina junto aos irmãos em humanidade, pois ela está sempre pronta para atuar a nosso favor.

Reflexão

Você só amará o seu próximo quando aprender a aceitar e amar a si próprio.

35. Ordenações DO ALTO

> "Porque Deus ordenou, [...]"
>
> Mateus 15:4

Fazer o bem incondicionalmente.

Orar com a sinceridade dos sentimentos mais nobres.

Trabalhar com ardor e carinho para que as obras se elevem acima de nós mesmos.

Estudar com afinco e dedicação no aprimoramento da intelectualidade.

Abraçar o Evangelho como o mais importante roteiro de transformação moral.

Eis aí algumas orientações para aqueles que já conseguem escutar e sentir as ordenações do alto, já que no plano espiritual elas representam o convite aos que já sabem escolher o bem e a verdade, com anseios de felicidade para a manutenção da paz em sintonia com as vibrações que vertem do Criador.

André Luiz

Reflexão

Perceba as orientações superiores em sua vida e encontre os recursos para uma convivência saudável com a pessoa mais importante: você.

36. Em sintonia COM O PAI

"[...] mas aquele que faz a vontade de meu Pai, que está nos céus."

Mateus 7:21

A flor lança seu aroma transformando o ambiente e enchendo a vida de perfume.

O Sol ilumina a Terra abrindo caminhos na trajetória de todos.

A chuva refresca e vitaliza a transformação da vida.

O fogo transmuta as energias.

Os animais e plantas cooperam na sustentação do homem.

Imaginemos então o que acontecerá quando o ser humano resolver entrar em sintonia com o Pai.

As palavras serão estímulos ao trabalho e à cura.

As mãos serão instrumentos do bem.

O pensamento será uma fonte de criatividade no engrandecimento do trabalho.

As ações transformarão a realidade do mundo, determinando a evolução humana.

A vida como um todo estará em completude com a vontade de Deus, que espera sempre o cumprimento das Suas leis sábias e justas.

A Terra então será um mundo feliz quando os homens aderirem com determinação às expressões suaves do Amor que tudo transforma para melhor.

Emmanuel

Reflexão

Atue com sua vocação no exato local a que foi chamado a servir, transformando a sua realidade e a daqueles que estão ao seu redor.

37. SER perfeito

"Sede vós, pois, perfeitos, como é perfeito o vosso Pai celestial."

Mateus 5:48

Tendo as leis divinas gravadas na consciência chegaremos, um dia, a viver essas verdades de forma tão natural que as refletiremos em todos os aspectos da vida e a partir daí nos comportaremos como filhos do Altíssimo.

A perfeição é a marca do Universo e só não a enxergamos de forma natural porque não a encontramos em nós.

Quando observamos a morte de alguém que amamos, só vemos perda, e não uma preparação para a vida eterna; quando grave enfermidade nos visita, só enxergamos o sofrimento, e não o caminho para a saúde plena; diante da pobreza, só percebemos a injustiça divina, e não um convite à moderação; na riqueza, só divisamos a possibilidade de um poder sem limites, e não uma convocação para direcionar corretamente os recursos recebidos em favor do progresso coletivo. Com essa visão limitada colocamos em cheque a existência de Deus e da Sua justiça.

A partir do momento que sentirmos essa perfeição em nós veremos a presença do Pai em todas as circunstâncias da vida, distinguindo Sua misericórdia e Seu amor em nosso favor nas experiências mais difíceis e nos olharemos de forma mais pura permitindo-nos usufruir o estado da bem-aventurança onde os puros de coração verão a Presença divina.[14]

O caminho da elevação nos mostrará os pontos obscuros que não aparecem evidenciados nas

---

14 Mateus 5:8

conclusões imediatas, inclusive aquelas comprovadas e apontadas pela ciência.

A vida é resultado de uma Inteligência superior a todas as outras e se reflete nas inteligências de cada ser. Com essa verdade temos a certeza de que a perfeição brilhará na face de todos, e compreenderemos que tudo se encadeia de forma absolutamente correta e espontânea e se mostra nas entrelinhas da excelsa criação.

Reflexão

A perfeição que há em você espera a oportunidade de enriquecer sua vida e as dos que o cercam.

38. Armadilhas

"Vigiai e orai, para que não entreis em tentação; na verdade, o espírito está pronto, mas a carne é fraca."

Mateus 26:41

A invigilância é um aspecto da personalidade que se mostra nas expressões inferiores da vida. Ela está presente, principalmente, na falta de percepção dos nossos defeitos para destacá-los nos outros. Nessa falta de visão não percebemos que as agressões saem espontaneamente, que a inveja permeia nossas considerações, que as palavras estão cheias de malícia e que as intenções estão voltadas, exclusivamente, para os interesses pessoais. A invigilância é a grande fomentadora de problemas na vida humana.

Ela tem colocado os trabalhadores da seara do Cristo em campos de experiências difíceis e criando situações dolorosas, de complexa solução, que vão demandar longo tempo para serem solucionadas.

Reflitamos no "vigiai e orai" em todas as tarefas para as quais somos convidados por Jesus a operar, na edificação da paz no mundo, concentrando-nos nos objetivos traçados pela espiritualidade maior para alcançar a perfeição e a elevação espiritual da Terra.

Quando a fofoca se fizer presente cuidemos para falar construtivamente e, se necessário, usemos do silêncio. Perante a relevância que a condução das tarefas desperta, tenhamos o cuidado de colocar Jesus como condutor principal dos resultados e, se necessário, procuremos as posições humildes nas tarefas mais simples. Diante dos que se destacam como expositores, médiuns e colaboradores e que despertam os ideais em torno da realização afetiva, respeitemos a intimidade alheia sem lhes sobrecarregar com nossas demandas pessoais, pois são pessoas que, tanto quanto nós, carregam as mesmas limitações e aspirações.

A disciplina precisa estar em todos os aspectos do trabalho. É imprescindível adotá-la como metodologia na execução das atividades traçadas pelos organizadores conscientes e sábios.

Compromisso, dedicação e sinceridade são regras para vitória em qualquer resultado positivo.

O empreendimento do alto pertence a Jesus e somos candidatos a continuar o Seu labor em prol da sintonia com nosso Pai, que trabalha até agora, pois o Cristo trabalha também.[15]

Reflexão

Evite a invigilância prestando atenção naquilo que alimenta os seus desejos.

39. Entraves do CRESCIMENTO

"E outra caiu entre espinhos, e, crescendo os espinhos, a sufocaram, e não deu fruto."

Marcos 4:7

Muitos obstáculos aparecem em derredor do homem, impedindo seu progresso real e efetivo às esferas resplandecentes do alto. Mas os maiores

---

[15] João 5:17

entraves não se encontram fora do ser, mas nos escaninhos da própria intimidade, a operar nas construções de sua vida diária. Esses obstáculos se apresentam quando passamos por cima de tudo e de todos para atingir os objetivos desejados; quando esperamos da virtude alheia as que não desenvolvemos em nós; quando nossos problemas e dores são os maiores que existem; quando só podemos doar daquilo que nos sobra; quando achamos que todas as circunstâncias e todas as pessoas devem se movimentar para a satisfação das nossas necessidades.

O maior prejuízo à vida do homem é o egoísmo milenar que se apodera dele, levando-o a tentar uma primazia em sua personalidade, em prejuízo do reinado de Jesus, que representa o domínio pessoal sobre os impulsos infelizes que cultivamos até o presente.

A vigilância e a oração, destacadas por Jesus como meios eficazes na solução dos desafios e na transformação dos conteúdos que invadem a natureza emocional, são o princípio do trabalho de reforma íntima.

Vigilância e oração, acrescidos do exercício da caridade, são rotas seguras que Jesus exemplificou para desenvolvermos a paz, que é o marco de luz a imprimir a predominância do espírito sobre a matéria.

Reflexão

Procure dar atenção aos impedimentos íntimos que são obstáculos para você crescer.

40. ESCREVENDO NOSSO evangelho com Jesus

"Porque já é manifesto que vós sois a carta de Cristo, ministrada por nós, e escrita não com tinta, mas com o Espírito do Deus vivo, não em tábuas de pedra, mas nas tábuas de carne do coração."

2 Coríntios 3:3

Projetam-se equipamentos sofisticados para explorar tanto o infinitamente pequeno como a imensidão do espaço celestial.

Arregimentam-se métodos variados nos vastos campos de exploração científica, visando aos sublimes trabalhos que as mãos humanas podem operar.

É chegada a hora de aceitar o convite de Jesus, o escultor do coração, para a investigação perseverante e atenta da mente, sede dos pensamentos e emoções, a fim de que possamos encontrar,

identificar e operar com os verdadeiros recursos do espírito na solução de todos os problemas da vida planetária.

Nessa dinâmica escreveremos o nosso próprio Evangelho, codificado por Deus no espírito, utilizando as tintas dos sentimentos nobres da compreensão de que nada pode nos ofender, da verdadeira justiça que nivela cada criatura como filho de Deus, aplicando o carinho em todas as coisas que realizamos e na aceitação das circunstâncias que nos cercam como a vontade celeste. Ao nos aliarmos a Jesus, no encontro conosco, uniremos todas as possibilidades de fazer-nos instrumentos da elevação.

Reflexão

Encontre os valores reais de seu espírito, percorra os caminhos do seu desenvolvimento e escreva o seu próprio Evangelho.

41. JESUS como COMPANHEIRO

"E Jesus lhes disse: Eu sou o pão da vida; aquele que vem a mim não terá fome, e quem crê em mim nunca terá sede."

João 6:35

Nossas companhias são eleitas pelas emoções e pensamentos. Acompanham-nos aqueles que sentem e pensam como nós. Se usamos da maledicência, atraímos os fofoqueiros; se nos queixamos muito, despertamos o interesse dos inconformados; se somos preguiçosos, chamamos os desanimados; se elegemos a tristeza, nos sintonizamos com os deprimidos; se cultivamos o medo, nos vinculamos aos desalentados e aterrorizados.

Buscando a companhia de Jesus, mudamos essa realidade.

Querer Jesus ao nosso lado é escolher Sua mensagem como roteiro em vida.

Amar.

Perdoar.

Compreender.

Sentir o bem em todas as circunstâncias.

Nessa dinâmica de vida encontraremos Jesus como companheiro predileto.

Disse-nos o excelso amigo que ninguém vai ao Pai senão por meio Dele.[16]

Seguir Jesus realizando as ações nobres da vida é a escolha da melhor companhia na certeza da vitória sobre as imperfeições.

---

16 João 14:6

Reflexão

Evite os comportamentos infelizes e abra as portas da sua vida para que Jesus esteja sempre com você.

42. Lucidez **MENTAL**

"Abriram-se-lhes, então, os olhos, [...]"

Lucas 24:31

O estudo perseverante e contínuo aclara a visão da vida.

O trabalho permanente com a aplicação prática dos estudos transforma nossa natureza íntima.

A sensibilização, pela prática da caridade, junto ao sofrimento alheio, nos prepara para que não precisemos sentir em nós as grades educativas da dor.

Seguindo estes três aspectos básicos, encontraremos os mecanismos para vencer a nós mesmos e também identificar a possibilidade de sermos instrumento nas mãos invisíveis e sábias dos instrutores da Vida Maior

Reflexão

Se você quer ser lúcido e se superar estude sobre o sofrimento e trabalhe na superação das dores humanas.

43. ONDE ESTÁ SUA fonte de águas vivas?

"mas aquele que beber da água que eu lhe der nunca terá sede [...]"

João 4:14

Traduzindo as palavras de Jesus para os dias de hoje, a água viva que Ele cita é a condição de espírito eterno, capaz de oferecer todas as respostas para todas as dúvidas, matando em si mesmo a sede de saber quem somos e de como podemos viver sem perturbação. Mergulhemos nas fontes da realidade do espírito onde encontraremos Deus, o amor que a tudo sustenta.

Estamos saturados dos aprendizados que atingem apenas o raciocínio e não atingem o coração.

Na busca do desenvolvimento emocional, se um bem é roubado, a razão aponta para a defesa de nosso direito, despertando mágoa e inconformação. Na didática emocional, a perda representa a capacidade de desprendimento e a tranquilidade da certeza de poder adquirir outros bens.

Diante da separação afetiva, o pensamento nos leva a crer que as causas dos desentendimentos residem no outro impondo o direito da tristeza e da inconformação. Na posição mais elevada do sentimento somos chamados a verificar as limitações do outro sem julgamento, possibilitando a posição emocional com respeito, compreensão e equilíbrio.

Passando pelas experiências das doenças, o raciocínio conclui pela injustiça de a dor bater exatamente em nossa porta. Mas o sentimento nobre nos aponta para a resignação diante da transitoriedade da vida material, proporcionando calma e entendimento de que a saúde que prevalece é a da harmonia íntima.

E assim, diante de todas as dificuldades da vida, verifiquemos a possibilidade de desenvolver emoções que nos permitam tomar contato com a serenidade, que é característica do espírito.

As limitações nascem de abordagens superficiais que não nos satisfazem mais porque nos distanciam do correto sentir.

Mergulhemos no nosso oásis e sejamos felizes.

Reflexão

Beba das águas nascentes do seu espírito e encontre a paz e a harmonia que tanto busca.

44. PACIFICAÇÃO

"Bem-aventurados os pacificadores, porque eles serão chamados filhos de Deus;"

Mateus 5:9

Pacificar quer dizer tranquilizar por dentro para harmonizar por fora.

O foco diretivo da pacificação é a automelhoria.

A área de sua atuação é a intimidade pelo sentimento de paz desenvolvida por nós.

Seus opositores são todas as intenções e ações que visam prejudicar os outros.

Jesus, o Senhor da paz, pacificador nato, elegeu o trabalho no bem como meio e objetivo dos que pretendem ser chamados pacificadores.

Quando descobrirmos que os problemas que nos cercam precisam ser compreendidos sob o enfoque da natureza íntima, perceberemos que as emoções infelizes que comandavam nossa vida podem ser modificadas pelos campos sutis da serenidade.

Só pode ser um pacificador quem está pacificado, condição necessária para sermos peças vivas do Pai na Terra.

Reflexão

Só você poderá atuar na construção consciente da sua paz.

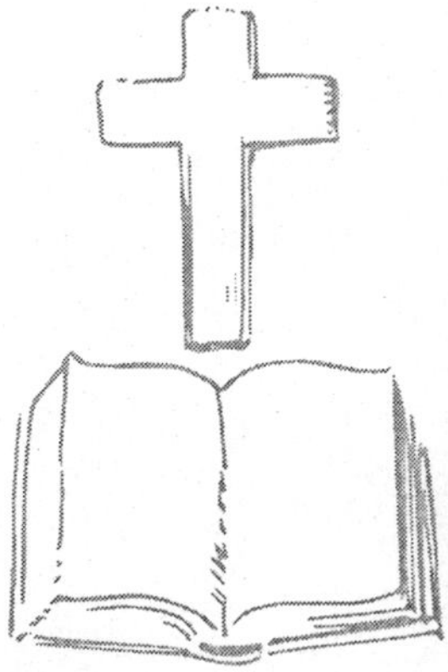

45. mudando COM JESUS

"[...] Em verdade vos digo que, quando o fizestes a um destes meus pequeninos irmãos, a mim o fizestes.

Mateus 25:40

Na Terra, bendita escola da alma, quase todos nos encontramos no processo de aperfeiçoamento e trazemos como característica os tormentos da alma, e encontramos no ambiente didático do orbe os recursos para autoaprimoramento.

Em alguns, essa imperfeição aparece nos sentimentos de apego e da cobiça.

Em outros, é o ciúme e o desequilíbrio do sentimento afetivo.

Em outros tantos, são as fixações nos aspectos negativos da existência.

Existem, ainda, aqueles que se encontram em leitos de dor e sofrimentos físicos.

Todos nós que estamos a caminho da libertação necessitamos de Jesus, que é a referência do desapego, do equilíbrio afetivo, do destaque de todos os aspectos positivos, e expressão da saúde plena.

Atendamos ao chamado de Jesus e nos coloquemos como Seus representantes aprimorando os sentimentos e aplicando-os junto de todos os pequeninos. Atendendo a todos eles é a Ele que estamos servindo.

Vamos sair da condição de atormentados para a de servidores, pois, no trabalho do bem, conduziremos nosso espírito para atingir as marcas luminosas do amor que refletem as luzes dos céus que coordenam os destinos da humanidade.

Por meio de boas ações retrataremos com clareza o significado das palavras do Mestre que seus discípulos seriam identificados por muito se amarem.[17]

---

17 João 13:35

Nessa postura encontramos a vitória espiritual sobre os impulsos de natureza inferior que é o marco definitivo da libertação das dificuldades do passado.

Calderaro

Reflexão

Sua libertação espiritual está mais próxima a cada ação no bem.

46. MARCO Divisório

"E, indo no caminho, aconteceu que, chegando perto de Damasco, subitamente o cercou um resplendor de luz do céu. E, caindo em terra, ouviu uma voz que lhe dizia: Saulo, Saulo, por que me persegues?"

Atos 9:3-4

Todos nós necessitamos de recorrer ao auxílio de Jesus para a renovação dos pensamentos e dos sentimentos e para alcançar a transformação moral.

Nesse tempo, o Evangelho será o estimulo nobre dos sentimentos, que vão gerar novas ideias e determinar nossas atitudes, palavras e ações.

Jesus dividiu a história da humanidade em antes e depois de sua vinda e fará também a divisão em nossa história pessoal, delimitada pelo homem velho que fomos e pelo homem novo fundamentado no Cristo que reside em nós.

Um futuro glorioso nos aguarda, orientado por um programa simples: abre-se com a atitude de começar, desenvolve-se com a persistência e concretiza-se com a evolução.

Adquirida a herança que nos pertence como filhos de Deus nós Lhe retrataremos a obra nos escaninhos vivos da alma.

Aniceto

Reflexão

Hoje é o dia de mudar a história de sua vida.

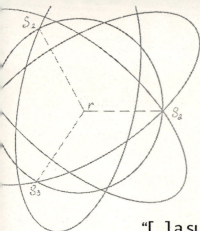

47. Equação DO BEM

"[...] a sua fé lhe é imputada como justiça;"

Romanos 4:5

A matemática divina se reflete em toda parte.

Somam-se valores elevados de tempos em tempos, exemplificados pelos grandes espíritos que reencarnam em missão de crescimento espiritual das criaturas humanas.

Diminuem-se o teor de inferioridade que ainda predomina na manifestação de características infelizes, que impelem o ser ao sofrimento na aplicação da solidariedade universal.

Multiplicam-se os processos de espiritualidade em todas as pessoas de bem para elevar o planeta às condições superiores no sublime contexto da evolução.

Dividem-se as diferenças que existem em cada homem para que estas possam se tornar experiências no aprendizado coletivo e no aprimoramento da alma.

A matemática é lei que o supremo Autor da vida utiliza em todos os lugares e em todos os tempos, principalmente, no livro sagrado dos corações humanos.

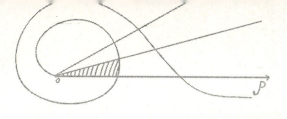

Reflexão

Nos cálculos realizados pela sua alma leve em consideração as equações de ordem elevada cujo resultado seja o bem de todos.

48. A Caminho da LUZ

"Nele, estava a vida e a vida era a luz dos homens."

João 1:4

Jesus Cristo como mensageiro direto do Pai representa a perfeição que atingiremos um dia como resultado do desenvolvimento do espírito imortal. Todos são chamados a se identificar com essa Origem.

Estamos a caminho da luz para trilhar as linhas retas quando refletiremos na alma a presença de Deus na Terra.

As bases para essa ocorrência estão na intenção de progresso, compromissando-nos com os padrões de renovação que precisamos vivenciar junto aos companheiros da jornada terrena.

Busquemos a bondade, a abnegação, a dedicação com afinco, a influenciação positiva junto às almas enfraquecidas, as diretrizes do bem com a autoridade fundamentada na aplicação em si mesmo, sem imposições e de forma natural, que é característica dos que já se sentem bem em servir.

Reflexão

Inicie agora a sua jornada de volta à casa do Pai.

49. bendita GESTAÇÃO

"E exclamou em alta voz: Bendita és tu entre as mulheres, e bendito é o fruto do teu ventre!"

Lucas 1:42

Que seria de nós se não fossem as portas abertas da maternidade, em que as mães, como médiuns de Deus, possibilitam o processo da reencarnação para o desenvolvimento dos valores adormecidos do espírito?

A maternidade é a oportunidade para o perdão e para o esquecimento, desdobrados em infinitas possibilidades de recomeço, refletindo o ensinamento de Jesus, que nos recomenda perdoar setenta vezes sete vezes.[18]

---

18 Mateus 18:22

Reflitamos em algumas dessas benditas oportunidades que se tornaram um roteiro de elevação nas mudanças que necessitamos.

Moisés teve seu nascimento ocultado para desenvolver a libertação dos hebreus do cativeiro egípcio sob os cuidados e educação de uma mãe preparada e atenta. Por sua influência, a humanidade deu seus primeiros passos em direção ao amadurecimento espiritual, ao adotar o Deus único em sua consciência.

Roma foi abençoada pelas mãos amorosas de mães que, em sofrimento silencioso, trouxeram, por meio de seu amor, a presença de césares que, atormentados pelos anseios de poder, carregavam a noção do direito e da família para o amadurecimento da sociedade terrena.

Ao longo da História, outras tantas mães viram seus filhos serem sacrificados e mortificados pelo amor à verdade, à arte ou à liberdade, ainda que o coração materno não entendesse naquele momento a grandeza dos propósitos da vida de seus filhos.

Dentre todas essas mães, recordemos a mais bendita gestação que já houve na Terra: a de Maria, que, no recanto rústico e simples da Judeia, representa o marco indescritível da encarnação mais sublime que já ocorreu até hoje.

Jesus poderia ter nascido entre reis ou príncipes, mas escolheu o caminho da simplicidade, na demonstração de que o espírito é detentor de todas as forças diante da influência da precária matéria.

Dia chegará que nasceremos assim também.

Diante desses momentos de transformação e limpeza, de progresso e edificação da nova era, precisamos direcionar nossos sentimentos mais nobres e nossas preces para aqueles filhos infelizes que necessitarão de um afastamento temporário do planeta a fim de valorizarem essas nascentes como berços de paz e de esperança.

A eles deixaremos as vibrações amorosas para que um dia, quando estiverem acordados para a beleza das leis sublimes que regem a vida, venham pedir novas oportunidades reencarnatórias por meio de mães abnegadas, na esperança de iluminarem suas consciências e poderem afirmar que bendita seja entre as mulheres, pois bendito é o fruto do vosso ventre.

Reflexão

Pela benção da maternidade você conquistou a oportunidade de fazer a diferença na vida das pessoas.

50. Transfiguração

"E transfigurou-se diante deles; e o seu rosto resplandeceu como o sol, e as suas vestes se tornaram brancas como a luz."

Mateus 17:2

Transfigurar é colocar a expressão espiritual onde antes só existiam valores ligados à vida material. Jesus nos chama para transfigurar nossa forma de viver.

Para elaborar essa transformação precisamos adotar comportamentos renovadores:

· enxergar o outro além dos sinais de sua aparência, percebendo as indicações silenciosas de suas qualidades;

· respeitar o ritmo de cada um no cumprimento de suas atitudes, lembrando que cada um tem seu tempo próprio;

· aceitar as pessoas em suas manifestações naturais da sua personalidade, sem cobrar mudanças de atitude que eles ainda não conseguem realizar;

· entender e respeitar as diversas crenças pessoais sem querer impor a nossa, que consideramos a mais adequada e elevada;

· perceber que por trás das manifestações de egoísmo do semelhante existem apelos de socorro que necessitam de iluminação espiritual para serem superadas.

Para conseguir desenvolver essa forma de viver, é necessário aplicar essas condutas em nós.

Cada vez que exemplificarmos naturalmente essa nova maneira de pensar e sentir, daremos um testemunho claro e simples da transfiguração proposta por Jesus.

Reflexão

A sua transfiguração é o marco da edificação do bem em você.

51. A alma é um LIVRO SAGRADO

"E desta maneira me esforcei por anunciar o evangelho, não onde Cristo houvera sido nomeado, para não edificar sobre fundamento alheio."

Romanos 15:20

A Escritura Sagrada da vida se encontra registrada em todos os lugares e é preciso que estejamos atentos para percebê-la. Em todos os tempos, os mensageiros celestes puderam decifrá-la no intuito de despertar os códigos celestes aos companheiros que permaneciam adormecidos para os valores imortais.

Jesus é o Mestre Maior, que, em Sua natureza, descreve a Escritura Sagrada pelos Seus atos, a sente e a expressa em toda sua grandeza magistral. Ele é a personificação das escrituras a refletir Deus integralmente quando diz que Ele e o Pai são um só[19].

As escrituras estão registradas na consciência de todos nós e precisamos despertá-las para que o autoencontro ocorra.

A descoberta da lei do Pai em nós promoverá esse autoencontro, em que, muitas vezes, a dor tem comparecido como mestra de primeira grandeza por revelar nuances ainda despercebidas da nossa natureza real e verdadeira: o espírito.

O divino legado se encontra grafado em cada um de nós, aguardando a vontade perseverante e firme para se expressar em vida, refletindo a bondade d'Aquele que é a luz do mundo na sustentação de todos e que sempre nos acompanha na trajetória das vidas sucessivas.

---

19 João 10:30

O objetivo de todos nós é escrever as escrituras por meio do comportamento e ações para conseguirmos a união definitiva com o Pai.

Reflexão

Reserve um espaço para Deus expressar Sua presença no livro de sua alma.

52. opositores DO BEM

"Eu, porém, vos digo: Amai a vossos inimigos, [...] e orai pelos que vos maltratam e vos perseguem, [...]"

Mateus 5:44

Eles existem em toda a parte e em todos os tempos.

Aparecem como empecilho ao desenvolvimento individual ou coletivo.

Até Jesus os encontrou durante sua jornada junto de nós.

Não encontraremos tranquilidade e paz em torno de nossos passos, mas precisamos edificá-las em nós. Precisamos estar em paz para conviver com o inimigo. Somos todos necessitados do aprendizado e do crescimento que as lutas da vida nos proporcionam para o burilamento espiritual.

Nesse mundo de tantas lutas, Jesus nos aconselha a amar os inimigos e compreender que as perturbações que os afetam são as mesmas que ainda nos influenciam. Sob essa ótica estaremos preparados para aceitar as atitudes incoerentes dos outros, sem que elas nos perturbem. Nessa conduta deixaremos referências positivas diante deles.

Somente com a paz atuante na alma trabalharemos a favor dos irmãos em desequilíbrio. Sabemos que já transitamos por essas vias no passado recente, portanto dediquemos a eles o respeito e a generosidade que recebemos dos que nos antecederam os passos na senda evolutiva e muito fizeram por nós quando éramos seus inimigos.

Por meio do acolhimento aos opositores contribuiremos para que a Terra se transforme numa morada celestial e de alegria.

Reflexão

O inimigo é o futuro amigo que aprenderemos a amar.

53. Lírios do CAMPO

"Considerai os lírios, como eles crescem; não trabalham, nem fiam; e digo-vos que nem ainda Salomão, em toda a sua glória, se vestiu como um deles."

Lucas 12:27

Os lírios do campo são as virtudes dos céus no terreno do coração dos homens e Jesus é o jardineiro excelso, o trabalhador fiel da germinação desses lírios.

Sua mensagem reflete o adubo adequado para o fortalecimento do campo mental, cultivando o engrandecimento dos terrenos da alma para que o progresso espiritual se faça.

A mente aberta e serena promove o clima adequado para germinação das sementes vivas que são capazes de transformar as pragas das imperfeições nas flores perfumadas dos sentimentos sublimes e suaves.

Cultivemos com vontade a segurança interior que desenvolve a autoestima; a compreensão que promove o autoperdão; a humildade que reduz as altas expectativas; a serenidade que diminui o ritmo acelerado; o bom senso para que as palavras expressem equilíbrio.

Abramos o coração à presença desse jardineiro de amor para que a felicidade verdadeira seja a característica da nossa sementeira nos caminhos da evolução pessoal sob a influência do Senhor da Vinha.

Reflexão

Na assimilação dos valores nobres da vida você colhe os recursos para o seu crescimento pessoal.

54. CORDIALIDADE

"Amai-vos cordialmente uns aos outros com amor fraternal, preferindo-vos em honra uns aos outros."

Romanos 12:10

Gentileza, bondade, carinho, são expressões dessa virtude que todo cristão verdadeiro deve buscar como marco da sua personalidade – a cordialidade.

Ser cordial é encontrar no próximo a condição de irmão.

Somente quem procura ampliar sua capacidade de amar traduz pelo seu comportamento a gentileza dos sentimentos elevados.

Comece esse movimento de cordialidade no trânsito, deixando o outro entrar em sua frente; na fila de espera, respeite quem está atrás de você não permitindo que outros furem a fila; nos banheiros públicos, dê a preferência para quem está com mais pressa ou necessidade; no elevador, dê um bom dia a todos e, ao sair, agradeça; ao se alimentar, agradeça a quem preparou seu alimento; em restaurantes, pergunte o nome de quem está ali para lhe servir.

São infinitas as pequenas experiências que o possibilitam praticar a cordialidade.

Essa virtude está presente em quem busca transformar de forma suave e gradativa as suas imperfeições em ações que expressam a claridade de um bom exemplo.

Sejamos cordiais para com todos e fatalmente seremos os beneficiados pela cordialidade natural que existe nos mais diversos níveis da vida.

Fabiano de Cristo

Reflexão

Pratique a gentileza para gerar a simpatia dos outros por você.

55. Confiança
EM JESUS

"Vinde a mim, todos os que estai cansados e oprimidos, e eu vos aliviarei."

Mateus 11:28

Todas as preocupações devem ser entregues ao Cristo de Deus, que é o patrono espiritual de todos.

Alimentar a esperança em condições melhores da vida no planeta está sob a regência do Maestro santificado que tudo sabe a respeito da condução dos destinos do orbe terreno para que ele chegue à destinação que lhe aguarda na esteira do progresso. Se confiarmos em Jesus tudo vai chegar onde tem de chegar. A Terra será, com certeza, conduzida por Ele à condição de mundo celeste. Disso não podemos duvidar.

A bondade de Seu coração augusto supre as dores e os desesperos dos homens nesse momento de transição, instigando em nossos corações uma consciência forte para enfrentarmos as lutas atuais e transitórias desenvolvendo em nós a tolerância diante das agressões alheias, e a compreensão perante os acontecimentos drásticos sejam eles de ordem pessoal ou coletiva.

Seguindo essa visão, criaremos uma mentalidade para perceber além do aparente caos a serenidade de resultados mais efetivo no bem como uma resposta do Cristo, que nos convida a sermos seus discípulos na mudança para um mundo melhor.

Confiem, trabalhem e sirvam incansavelmente em nome d'Ele que ilumina os caminhos do mundo.

Que a paz esteja em vossos corações.

Bezerra

Reflexão

Faça o bem possível nesse momento tão desafiador da Terra e seja um colaborador de Jesus na edificação de um mundo mais pacificado.

56. Referência
IDEAL

"Eu sou o caminho, e a verdade, e a vida [...]"

João 14:6

A percepção do homem está circunscrita às condições espirituais atingidas no decorrer de sua caminhada evolutiva. Com sua visão e seu saber limitados à concepção da realidade plena da Vida, essa concepção se reduz a meras percepções sensoriais.

Regido por verdades circunscritas pelos conhecimentos adquiridos, o homem estabelece como norma para si e para os outros as conclusões fechadas e fixas que diminuem a grandeza do pensamento do Criador que desafiam a inteligência humana, para promover seu progresso e refletir aos poucos esse foco grandioso da sabedoria universal.

Padrões humanos de direcionamento sempre existiram, mas, aos poucos, as certezas humanas mostrarão que o verdadeiro modelo será o amor como norma de conduta na vida para acertarmos cada vez mais.

cada vez mais comentado e traduzido nas academias humanas como a matéria mais importante nas especializações do conhecimento para o crescimento integral do ser, no qual Ele, o Mestre de amor e da verdade, será o material didático mais importante nos estudos iluminativos da consciência, para a elevação dos pensamentos e dos sentimentos na conquista dos títulos que nos concederão a vitória sobre nós mesmos.

Reflexão

Procure o autoconhecimento como referência da sua vida, pois é nesse processo que estão os valores mais perfeitos e sublimes.

57. Clamores DO ALTO

"E, estando ele ainda a falar, eis que uma nuvem luminosa os cobriu. E da nuvem saiu uma voz que dizia: Este é o meu Filho amado, em quem me comprazo; escutai-o."

Mateus 17:5

Quando ouvirmos na consciência as vozes dos instrutores espirituais em forma de recomendações e inspiração para o acerto das atitudes e ações, devemos interpretá-las como clamores do alto que nos chegam para serem aplicados nas ocorrências diárias, visando à melhoria de nossa intimidade.

O apoio que recebemos para o aprimoramento das condições de vida representa claridade do alto em favor de todos a se desdobrar em educação e desempenho. Sejamos mais abertos a ouvir-lhes os apelos profundos.

Nossa cooperação pelo passe, pela assistência aos enfermos, no tempo dedicado a ouvir e consolar, na intenção digna de dar um bom conselho, no prestar atenção à tristeza e infelicidade alheia com intuito de amenizar o infortúnio, na gentileza diária, na afabilidade e na doçura nas relações transformaremos os padrões inferiores e os da Terra, seguindo ao encontro de sua destinação elevada de mundo sublimado.

Adotando esse comportamento de forma consciente e persistente, atrairemos a inspiração dos amigos espirituais para o aprimoramento das atitudes.

Todo o universo opera sob a ação do espírito a projetar luz onde, até hoje, a ignorância dominava, limitando a influência Daquele que nos criou para a plenitude

Faça o bem e atraia a companhia dos bons amigos espirituais.

58. contenção
QUE TRANSFORMA

"Mas, se não podem conter-se, casem-se. Porque é melhor casar do que abrasar-se."

1 Coríntios 7:9

Contenção na palavra é ponderação.

Contenção no olhar é bondade.

Contenção na escuta é elevação.

Contenção no trabalho é abnegação.

Contenção no julgar é compreensão.

Contenção na ação é prudência.

Contenção na liberdade é educação.

Contenção no gasto é estabilidade.

Contenção na paixão é equilíbrio.

Se nos acontecimentos da vida prática a contenção das forças da natureza acontece para benefício da vida humana, imaginemos a necessidade da contenção na forma de viver, que fundamenta a nossa influência direta junto dos semelhantes.

Por isso adotemos os exemplos do Cristo que representa princípio da motivação espiritual para a transformação efetiva.

André Luiz

Reflexão

Contenção nas pequenas atitudes infelizes significa grandes conquistas.

59. Mandato DIVINO

"Por isso, diz também a sabedoria de Deus: Profetas e apóstolos lhes mandarei; [...]"

Lucas 11:49

Em todos os lugares e momentos vão existir pedidos, clamores, imposições e ordens de várias procedências e de diferentes naturezas.

O coração é o campo de sintonia no qual elegemos seguir ou não cada um deles.

O bem ou o mal são roteiros diversos com efeitos diferentes para a vida mental. Precisamos determinar quais são as diretrizes que queremos na vida.

Almas existem que preferem permanecer nas baixadas da infelicidade como abutres nos restos e despojos em degeneração.

O sentimento é a mola propulsora dos planos mais altos.

A harmonia do Universo se estabelece pela ordem que nasce do amor e do trabalho no bem.

Seguir sob esse prisma é alimentar das ordens vindas do alto, mandato divino, na perspectiva de servir constantemente sem aguardar ser servido.

Reflexão

Conheça seus sentimentos, sejam eles quais forem, e no contato lúcido com eles opere as mudanças necessárias para o seu progresso.

60. COLABORAÇÃO

"[...] tendo chegado, aproveitou muito aos que pela graça criam."

Atos 18:27

Colaborar, na acepção da palavra, é auxiliar, apoiar, favorecer na concretização de um projeto nobre, na superação de uma fase difícil, na capacidade de compartilhar momentos importantes para os semelhantes e muitas outras oportunidades de participar da construção de um mundo melhor.

Nos exemplos de Jesus, a aplicação dessa virtude vai além de auxiliar. Ele coopera sem esperar a retribuição ou o reconhecimento, por menor que seja o retorno.

Como verdadeiros servos do Cristo nossa ajuda deve se apresentar pela simples alegria de cooperar.

Quando a caridade for a nossa inspiração, encontraremos a sintonia com Deus, que nos ama em todos os momentos sem esperar a retribuição desse amor e que age sobre nós anonimamente, até o momento em que reconhecemos Sua presença constante na vida.

Fabiano de Cristo

Reflexão

Auxilie sempre. Esse será seu maior investimento na vida.

61.
O Autoconhecimento

"O reino de Deus não vem com aparência exterior;"
Lucas 17:20

Vocês encontrarão na experiência quotidiana a razão de seus empreendimentos espirituais na atualidade para amadurecimento das verdades que norteiam o autoconhecimento cumprindo as determinações d'Aquele que organizou a evolução planetária.

Limitações diversas atuam sobre as criaturas e as impedem de pesquisar os valores mais expressivos da sua condição de divindade.

Ao invés de apenas falarem das virtudes vocês viverão cada uma delas para que, com essa mudança de atitudes, promovam também a mudança do planeta sob a ação diretora de novos pensamentos e de novas condutas.

Essas limitações são tão amplas que atuam também na mente daqueles homens despertos cujas condições são relativamente mais elevadas.

Por mais que falemos das verdades eternas não podemos considerar que as definições adotadas sejam as mais adequadas, pois as conclusões e perquirições que se abrem não podem abranger a Verdade que ultrapassa o desenvolvimento psíquico da maioria dos seres encarnados nesse plano de lutas inferiores.

Caminhemos pelas portas abertas dessa Realidade na destruição das mentiras e das falsidades que acalentamos como certezas exclusivas e permanentes.

Na oportunidade de minha vida na Terra abri janelas para a percepção dessa Verdade àqueles que possuem olhos de ver e ouvidos de ouvir como salienta o Mandatário divino.

Com o intuito de despertar os irmãos de caminhada para verdades que se encontram na natureza do espírito e que se fazem claras por meio do autoconhecimento é que deixei ensinamentos fixados em livros, palestras e conversações.

Levem em consideração as mensagens grafadas nesse texto como estados interiores do ser, e não as suas representações em forma de palavras que são apenas símbolos para expressarem uma realidade viva.

Precisamos nos abrir ao amor que é a fonte única de sustentação da Vida e que está em nós. Essa fonte sempre esteve e sempre estará fora das condições materiais que acreditamos existir e que representam apenas o material de nossas interpretações limitadas.

Ao superar suas limitações vocês encontrarão a verdadeira autoridade como diretriz criadora da Vida.

Paz em seus corações.

Krishnamurti

Reflexão

O autoconhecimento é a chave de sua libertação definitiva

62. olhai os lírios DO CAMPO

"[...] Olhai para os lírios do campo, [...]"

Mateus 6:28

Precisamos aumentar a capacidade de percepção com a lente do sentimento. Para isso, devemos:

· dirigir a Deus nosso primeiro pensamento de amor;

· iniciar desejando realmente um bom dia para todos;

· ser gratos a tudo que nos nutre e nos estimula no cumprimento da rotina diária;

· exigir menos de nós e dos outros;

· buscar a tolerância diante das dificuldades de trânsito;

· evitar a queixa sistemática que alimenta o pessimismo;

· fugir da pressa organizando melhor o tempo;

· alimentar a esperança que nos afasta do medo e do negativismo;

· perceber o sofrimento alheio, contribuindo para diminuir os impactos da dor.

Não há lugar ou circunstâncias na vida que não apresente a beleza que evidencia o amor infinito de nosso Pai por todos os seus filhos amados.

Dia chegará em que esses comportamentos estabelecerão novos ciclos de progresso a nos identificar com os propósitos do Criador.

Quando Jesus nos chama a atenção para os lírios do campo, o faz para despertar em nós as belezas sutis do comportamento renovado.

O espírito é flor que se manifestará com os matizes perfumados de seus sentimentos nobres, na sinceridade de suas virtudes elevadas, que olhará a vida da mesma forma que Deus o faz.

Reflexão

A renovação do seu comportamento expressa a simplicidade que rege o Universo.

63. A Riqueza do HOMEM POBRE

"Como em muita prova de tribulação, houve abundância do seu gozo, e como a sua profunda pobreza superabundou em riquezas da sua generosidade."

2 Coríntios 8:2

Contam que o Senhor da Vida, querendo demonstrar sua grandeza e riqueza espalhadas por toda a parte, buscou sensibilizar o homem para percebê-las com toda a sua magnitude.

Num primeiro momento dessa aprendizagem lhe retirou dos olhos a possibilidade da visão. O homem então passou a viver na escuridão e, aos poucos, percebeu que lhe faltava a beleza das formas e das cores para alimentar sua vivacidade e encanto diante da vida.

Em outra ocasião lhe retirou os movimentos dos braços e dos pés, impedindo sua capacidade de ir e vir e de manipular as coisas. Assim, ele aprendeu a movimentar-se no bem e a criar com utilidade.

Em outra experiência limitou-lhe expressivamente a capacidade de usar o cérebro, diminuindo suas possibilidades de expressão, e o homem, sem esse recurso, passou a reconhecer o quanto perdia diante das possibilidades de criação e influenciação junto à vida e aos outros.

Novos aprendizados vieram. Logo, a fome, a sede, a escravidão e o frio o envolveram. Sem os recursos importantes o homem enveredou para reflexões em torno da forma correta de usar e partilhar, circular e beneficiar a si e aos outros abandonando os excessos e os desperdícios, o egoísmo e a retenção.

Depois de muitas experiências entre perdas e limitações o homem entendeu que quanto maior for a desvalorização dos recursos da vida, maior será sua pobreza, passando a reverenciar e agradecer, a usar e a partilhar seus bens.

E foi nas experiências vivas do sofrimento redentor que passou a enriquecer-se na utilização digna dos abençoados recursos de saúde e das posses, da capacidade de se expressar e de criar, podendo assim operar e revelar a ilimitada riqueza que traz no próprio ser.

Irmão X

Reflexão

Suas maiores riquezas estão dentro de você.

64. LEGISLADORES

"Há um só legislador e juiz, aquele que pode salvar e destruir; tu, porém, quem és, que julgas ao próximo?"

Tiago 4:12

Na vivência das leis que regem a sociedade, trabalhamos tanto na construção das leis humanas quanto na sua aplicação na convicção de fazer o melhor. Essas manifestações ocorrem no campo da vida exterior.

Ao indagar aos espíritos sobre onde estariam escritas as leis de Deus, Allan Kardec teve uma resposta clara e simples de que era na consciência, deslocando assim o ambiente de desenvolvimento dessas leis para nossa intimidade.

Chegará o dia no qual o estatuto decretado pelo Criador se manifestará de forma natural e espontânea na humanidade e que os legisladores e escriturários não precisarão mais existir, pois nós iremos legislar a partir da intimidade testificando por meio dos exemplos que essas leis estão inscritas na intimidade do ser e influenciando as outras criaturas a reescrevê-las também com as tintas vivas do próprio sentimento.

Todos somos escrituras do Pai e o tempo está ao nosso favor para mostrar que as leis divinas serão a base para a construção da legislação humana.

Reflexão

Tome o controle da sua existência descobrindo as leis de Deus gravadas em sua consciência.

65. O tamanho de SUA FÉ

"E Jesus lhes disse: Por causa da vossa pouca fé; pois em verdade vos digo que, se tiverdes fé como um grão de mostarda, direis a este monte: Passa daqui para acolá – e há de passar; e nada vos será impossível. [...]"

Mateus 17:20

Jesus mostrou-nos nessa mensagem que se tivermos a fé do tamanho de um pequeno grão de mostarda conseguiremos mover os montes das imperfeições.

Para desenvolver essa fagulha de fé, temos de perceber que Deus criou um código divino que determina o despertamento das virtudes.

As virtudes são as qualidades naturais do espírito a se expressarem por meio da humildade que desloca a montanha da vaidade; da justiça que move o morro da arbitrariedade; da aceitação que movimenta as barreiras da revolta; da bondade que supera os obstáculos da maldade; do amor

Consideramos a execução dessas diretrizes simples como tarefa difícil, mais pelos condicionamentos que nos prendem aos falsos valores do passado do que pelas dificuldades reais de efetivar essas mudanças, pois as nossas crenças ainda são muito limitantes.

Má vontade, acomodação, preguiça, medo, indisposição, mágoa, culpa, indiferença são outros obstáculos que nos impedem na conquista de novos resultados.

Promover a remoção desses montes fará com que encontremos um alento para resgatar os valores da Vida.

Reflexão

Descubra que sua fé é mais poderosa do que você imagina.

66. NA PAUTA DO BEM

"Dá a quem te pedir, e não te desvies daquele que quiser que lhe emprestes."

Mateus 5:42

Seguir Jesus sempre será a pauta do bem que devemos almejar para a edificação da perfeição espiritual.

Seus ensinamentos, expressos nas páginas do Evangelho, são o roteiro certo para nos conduzir à vitória sobre as imperfeições.

Trabalhar e estudar sobre exemplos de Jesus requer dedicação e sensibilidade do coração, a fim de se estabelecer, na vivência do dia a dia, a fixação do aprendizado que cria, junto das outras pessoas, a oportunidade de senti-las.

Jesus é a certeza da vitória quando O colocamos como meta em nossas intenções de viver.

Amar, perdoar e auxiliar são expressões do ato de servir.

E servir é e sempre será a pauta do bem para todas as vidas.

Reflexão

Trazer Jesus para sua vida requer empenho e amorosidade com você e com os outros.

67. O SILÊNCIO

"[...] mas que esteja em silêncio."

1 Timóteo 2:12

A percepção profunda de nós mesmos ocorre quando paramos para perceber o silêncio ao nosso redor e dentro nós. Ao silenciarmos passamos a ter uma percepção mais ampla e diferenciada da nossa natureza.

O silêncio é a natureza das coisas e também a realidade que temos de encontrar em nós o processo do autoconhecimento. Para que essa percepção seja real, é necessário nos dedicarmos a essa experiência e não nos restringirmos às informações intelectuais desse fato.

Do silêncio nasce a criatividade que desponta naturalmente quando falamos, pensamos e agimos. Ele é o fundamento da vida que precede toda ação criativa. Infelizmente não estamos preparados para perceber o que ele antecede a cada atitude nossa e destacamos mais a ação do que ele o silêncio. Agimos do não manifesto, o silêncio, para o manifesto, as ações.

É muito importante que cada um experimente essa percepção interior e perceba onde reside a fonte de toda a sua movimentação na vida para que essas palavras não sejam apenas um conjunto de informações.

Quando olharmos para nós com o olhar silencioso, da consciência, perceberemos que muitas coisas nascem em nós.

Testemunhar tudo isso é ver a criação em sua fonte mais profunda, que é o espírito em ação buscando encontrar-se com o Criador.

Ao entrar no estado de silêncio, sem esforço e com naturalidade, encontraremos a felicidade que não se compra e que se encontra onde o ladrão não rouba e nem as traças destroem.[20]

No dia em que encontrarmos essa serenidade profunda, escutaremos a voz de Deus.

Reflexão

Ficar em silêncio é encontrar sua realidade espiritual.

---

20 Mateus 6:19-20

68. VIVER EM verdade

"E Jesus disse-lhes: Adverti e acautelai-vos do fermento dos fariseus e saduceus."

Mateus 16:6

Na estrutura histórica o farisaísmo é a doutrina e prática dos fariseus que, na qualidade de seus comportamentos, apresentavam atitudes de hipocrisia e fingimento.

O farisaísmo no falar é mentira e bajulação.

No olhar é malícia.

No pensar é fascinação.

No proceder é enganação.

No sentir é egoísmo.

Em nossa forma particular de ser encontramos esse comportamento a se projetar nos relacionamentos como reflexo vivo das ilusões falseando as manifestações profundas e naturais que nascem do espírito que é a única verdade estabelecida por Deus, inscrita na consciência de cada um.

Para combater essa conduta milenar de falsidades o grande valor dessa hora será desenvolver a

honestidade em suas mínimas expressões criando novos hábitos que transformarão nossa maneira de ser.

Quando as manifestações da alma estiverem de acordo com as leis gravadas na consciência deixaremos de manifestar a hipocrisia como mecanismo de defesa diante da inferioridade espiritual adotando um proceder incorruptível e estaremos vivendo a verdade que emana do Pai.

Reflexão

Viver a verdade pode parecer difícil, mas você será o grande beneficiado por esse comportamento.

69. Tolerância

"Porque, sendo vós sensatos, de boa mente tolerais os insensatos."

2 Coríntios 11:19

A tolerância é sublime remédio da vida agindo na alma.

Doce como o mel, traz o lenitivo da paz nos momentos difíceis.

Como característica do Cristo, é a Sua manifestação natural junto aos homens afoitos e perturbados.

Quando Jesus nos dá a Sua paz[21] está demonstrando que ela só será verdadeira e permanente se nascer do nosso espírito, que ela é diferente da paz que o mundo dá e que na presença dela o coração não se atemoriza. Sempre buscamos ter essa paz, mas ela só é desenvolvida por nós, na intimidade, porque ela representa uma das características do espírito imortal que irá atravessar nossas mágoas, tristezas e culpas rompendo as amarras da inferioridade.

Na verdade, Jesus não nos dá a paz, mas mostra que quando estivermos em contato com a nossa natureza espiritual a paz surgirá espontaneamente.

Existem expressões no Evangelho que falam dessa paz: bem-aventurados são os mansos e os pacíficos que já desenvolveram essa paz em si; e bem-aventurados são os pacificadores que já conseguem refletir a sua paz nos outros Os primeiros estão no desenvolvimento dessa paz e os segundos já a conquistaram.

---

[21] João 14:27

A tolerância é o primeiro caminho a ser percorrido na construção dessa paz e deve ser vivida sem os constrangimentos do sacrifício, da rigidez e da intransigência, chamando a si a compreensão, a compaixão e a abnegação.

Reflexão

Ser indulgente com suas imperfeições e trabalhar na sua transformação te preparam para compreender e tolerar fraternalmente os erros alheios.

70. o amparo que VEM DE LONGE

"[...] e tudo o que ligares na terra será ligado nos céus, [...]"

Mateus 16:19

Nesses momentos da limpeza astral da Terra descem sobre todos nós vibrações que nos envolvem como melodias e que nascem de corações plenos de amor que, em moradas distantes, lembram-se do passado remoto junto aos espíritos aqui degredados.

São reconhecimentos de tempos vividos que esses espíritos mais evoluídos guardam em forma de sentimentos e compromissos, sustentados pelos vínculos com aqueles que partiram do orbe então regenerado.

Surgem como estímulos à sensibilidade junto às almas que ficaram para trás, em forma de preces, para que as nossas forças sejam saturadas de vigor nas lutas que nos conduzem para a libertação.

Como somos espíritos eternos nunca perderemos esses laços de coração a coração, que são fonte de esperança e vida para a redenção espiritual.

Andorinhas das paisagens celestes voam e cantam a esperar os pássaros cativos nas grades da ilusão que gera lágrimas e dores na ausência de sustentação.

Não fomos esquecidos, só estamos na ausência de percepção, pois nos campos infinitos da vida, ninguém vive sem consolação.

Escutemos suas as notas celestes na acústica dos corações e no silêncio da alma, sentiremos suas lembranças amorosas nos campos em florações.

Maria Dolores

Reflexão

Nunca se sinta sozinho na caminhada da vida, pois os que sempre te amaram e amam velam por você.

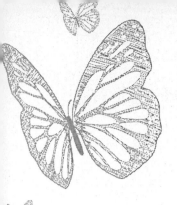

71. EM REGIME de prova

"[...] É lícito no sábado fazer bem, ou fazer mal? [...]"

Lucas 6:9

Quando nos encontrarmos apoiados pelo material de ordem espiritual elevada teremos direcionamento certo de nossos passos e escolhas. Ao passarmos pelas provas, amparados por essa base, nos candidatamos a receber as notas altas para prosseguirmos em direção à graduação de etapas mais amplas de crescimento.

Prova quer dizer colocar em cheque, passar a limpo, concretizar o conhecido.

Somente por meio das provas poderemos firmar as conquistas adquiridas pelo esforço daqueles que se colocaram na posição de mestres e educadores com o propósito de promover o desenvolvimento que será obtido pela luta pessoal na vitória sobre nós mesmos.

Conforme os resultados nesses testes, será apurado o grau de aprendizado dos ensinos ministrados, e determinado o nível de aprendizado que ainda necessitamos adquirir para a educação de nossas almas.

Reflexão

Ao passar pelas provas da vida saiba que estará sendo avaliado para uma promoção espiritual.

72. Faça o BEM POSSÍVEL

"[...] É lícito no sábado fazer bem, ou fazer mal? [...]"

Lucas 6:9

Auxílio fraterno aos lares enfermos.

Evangelização às crianças desorientadas.

Sopa que diminui o sofrimento da fome.

Instrução espiritual aos perdidos no caminho.

Estes não são todos os princípios que o bem nos convida a realizar, mas se já estamos fazendo alguns deles, já nos encontramos no caminho de vivenciar o bem na Terra, que retrata um pouco da vida e do exemplo que Jesus vivenciou e nos convidou a realizar.

Fazer o bem sem nenhuma intenção de receber reconhecimento, no anonimato humilde de alma que serve em silêncio, é o símbolo usado por aqueles que trabalham no sábado por representar a caridade legítima.

Reflexão

Nas realizações da caridade você recebe a recompensa pelos simples ato de servir, expressa na paz da consciência.

73. VIDA plena

"[...] Eu sou a ressurreição e a vida; quem crê em mim, ainda que morra, viverá."

João 11:25

Com quem contamos para atingir a plenitude?

Alguém poderá conduzir-nos a esse estado que desconhecemos?

Serão os livros ou algum instrutor?

Pode o pensamento penetrar na realidade que ele tenta interpretar? O pensamento não é capaz de expressar a alegria sem que nós estejamos vivenciando essa emoção realmente. Para saber o que significa a alegria, precisamos sentir a alegria.

Essa experiência é valida para todas as informações que recebemos ao longo da vida e não há possibilidade desse encontro, a não ser por meio de nós mesmos.

Só pelo autoconhecimento poderemos descobrir a eterna manifestação da Vida.

Nessa busca não pode haver esforço ou luta.

Apesar dos conhecimentos intelectuais estarem chegando ao ápice de sua expressão, para o desenvolvimento da inteligência emocional, no atual estágio em que estamos, é necessário morrer para tudo que foi construído até hoje, para que a Vida se manifeste com abundância.

Tudo o que foi importante no nível de conhecimento intelectual será desconstruído para que possamos ver a vida com um novo olhar: o da percepção de como nos sentimos em relação a tudo.

Porque a morte dos conceitos sobre a vida terá de ocorrer para que a Vida seja plena em nós.

Krishinamurt

Reflexão

Ao abrir mão de seus conceitos fechados você poderá perceber uma nova realidade.

74. honestidade
RELIGIOSA

"Então chegaram a ele os fariseus e os saduceus e, para o experimentarem, pediram-lhe que lhes mostrasse algum sinal do céu."

Mateus 16:1

Na história do povo judeu os saduceus são aqueles religiosos que não acreditavam na realidade espiritual e, por nada esperar após a morte, só serviam a Deus tendo, na satisfação dos sentidos físicos, o objetivo essencial da vida.

Nos campos religiosos da atualidade existem saduceus que se complicam na maneira de viver e acabam por influenciar negativamente o pensamento alheio.

Presos aos aspectos externos do culto que abraçam, movimentam-se em meio aos trabalhos espirituais muito mais por satisfação pessoal do que pelos objetivos que as tarefas da alma possuem na edificação moral de si mesmos.

Com anseios de grandeza individual procuram as vantagens que lhes vão beneficiar de modo particular gerando complicações para suas existências futuras.

Estiveram nos tempos de Jesus e se encontram, até agora, nos movimentos espirituais da atualidade.

Trazem prejuízos não só a si, mas também aos corações invigilantes nos quais, por sintonia de interesses, estendem os danos dessa conduta infeliz.

Sejamos atentos às intenções e procuremos observar se não nos encontramos nas mesmas condições de interesses inferiores.

Conduzamos nossas disposições para o bem com a sinceridade de coração e estaremos distanciando-nos das condições enganosas dos saduceus de hoje.

Reflexão

Para ser autêntico busque uma relação verdadeira com Deus.

75. Vidas

"[...] eu vim para que tenham vida e a tenham em abundância."

João 10:10

Existem vidas de mil matizes.

Tem aquelas que se sustentam na excentricidade e na superficialidade e acabam sob o efeito da ilusão.

Outras se processam na mentira e encontram a verdade como direcionamento para as decepções que alimentaram.

Algumas se baseiam nos exemplos das virtudes nascidas de corações esclarecidos.

Mas a vida plena surge para nós quando cada espírito busca sua nascente pessoal como reflexo vivo da Divindade em cada um.

Quando Jesus nos diz que veio para que tenhamos vida em abundância, Ele está nos convocando a ter o encontro com a nossa realidade essencial que nos dará a vida de acordo com a Vida Maior que nos originou.

Alguns chamam a fonte dessa vida de Consciência, outros, de Verdade, outros ainda, a designam Amor.

Amor, Vida, Verdade e Espírito são sinônimos de uma mesma realidade que só será desvendada por meio do autoencontro, verdade essa natural e espontânea e que é o reflexo da própria abundância que nasce do Criador.

Reflexão

Descubra pelo autoconhecimento a fonte de vida verdadeira que há em você. Ela é seu guia.

76. Despertar espiritual

"[...] Desperta, tu que dormes [...]"

Efésios 5:14

A expressão evangélica nos incentiva para o despertar do sono milenar em que nossas almas se encontram, algemadas às condições inferiores da vida material que entorpecem as faculdades elevadas.

Há quantas existências temos corrido atrás das ilusões de felicidade sustentadas pelas percepções e sensações afastadas da realidade espiritual, limitadas por anseios infantis de realização pessoal, que deturpam os valores que a vida propõe a todos que se movimentam dentro dela?

Escutemos esse convite especial saindo das influências exclusivas da matéria e adotando um novo comportamento no qual o espírito preponderará nas diretrizes das rotas que necessitamos.

Influências elevadas descem sobre todos e por reflexo passam a nascer de nós no trabalho de ampliar nossas antenas psíquicas e emocionais para captar novas atitudes que possibilitem o despertamento espiritual.

Que a paz esteja em todos!

Reflexão

Ao acordar para sua realidade espiritual você amplia sua capacidade de perceber a Vida.

77. SERVIR

"Não podeis servir a Deus e a Mamom."

Lucas 16:13

A ação de servir é verbo divino da vida.

Suas possibilidades se encontram em toda parte.

É a essência do Criador a se mostrar na sua infinita criação.

No dia em que o homem aprender a dedicar-se a esse verbo de iluminação com abnegação e carinho, a vida no planeta terá outras paisagens e se ouvirá um hino de louvor à vida.

Reflexão

Seu verdadeiro privilégio na vida é poder servir onde quer que você se encontre.

78. Nos trabalhos DA TERRA

"Portanto, nós também, pois estamos rodeados de tão grande nuvem de testemunhas [...]"

Hebreus 12:1

Onde opere a boa-vontade do homem, as mãos invisíveis do alto aproximam-se para imprimir a qualidade diferenciada nos quadros da vida.

No exercício do bem, buscamos muito mais o destaque pessoal do que a valorização do bem que realizamos, expressando uma conduta espiritual infantil, quando deveríamos agir como os abnegados espíritos que trabalham nessas mesmas tarefas do bem de forma anônima, focando nos resultados da ação de auxiliar.

Sem a presença desses agentes da vida universal as nossas ações no bem seriam precárias por estarem presas aos interesses mesquinhos e imediatos dos valores humanos.

O toque suave do Criador aparece exatamente nesses aspectos invisíveis da realidade e do equilíbrio universal, como se os espíritos que nos amparam fossem Sua mão atuando sobre todos

Estejamos atentos a essa ação invisível que se expressa principalmente por meio da intuição e encontraremos o apoio deles para os afazeres com a finalidade de elevar a qualidade de nossas ações no bem.

Reflexão

Abra os canais da sua intuição e busque os amigos espirituais para fazer o seu melhor.

79. Aos que têm OLHOS DE VER

"Respondeu ele: A vós é dado conhecer os mistérios do reino de Deus; mas aos outros se fala por parábolas; para que vendo, não vejam [...]"

Lucas 8:10

O objetivo de todos nós, os espíritos matriculados na Terra, é sobrepor-nos às dificuldades da vida no propósito de amadurecer e despertar os valores pessoais adquirindo as melhores condições de vida que poderíamos alcançar.

Na maioria das vezes não conseguimos enxergar o sofrimento dessa forma, acreditando que são contratempo e injustiça mantendo uma visão distorcida da sua verdadeira, finalidade.

Nesse contexto, problemas e dores sofrem a deformação de quem não aprendeu a percebê-los com os verdadeiros olhos do ser.

No desenvolvimento de uma capacidade maior de percepção Jesus abençoou os puros de coração porque verão a Deus,[22] o que significa ser capaz de tirar proveito das experiências mais difíceis.

E então, diante das circunstâncias que nomeamos dolorosas, vamos desenvolver um olhar com foco na visão do espírito pelos olhos da consciência desperta.

Os próprios discípulos de Jesus acreditavam que viam bem, mas enxergavam apenas com as expressões externas da vida, com os olhos do corpo, sem verem o espírito que está em tudo e em todos.

Quando percebemos o espírito que há em nós conseguimos enxergar essa mesma realidade espiritual no outro. Fazendo uma comparação, da mesma forma que vemos a raiva atuando sobre nós, ao percebemos alguém nessa mesma situação, compreendemos que ele está sendo influenciado por essa emoção. Enxergar o espírito em nós é encontrar o espírito do outro no invisível de todos e ver Deus.

---

22 Mateus 5:8

Ver para compreender, compreender para agir com a sabedoria que rege a vida em suas infinitas manifestações, em que procuramos desenvolver os olhos certos para enxergá-Lo na grandeza de Sua presença

Reflexão

Você, o outro e Deus. Visão de uma mesma realidade.

80. Longevidade

"Para que te vá bem, e sejas de longa vida."

Efésios 6:3

Os propósitos estabelecidos pela organização espiritual do orbe, fundamentados nos trabalhos do bem, favorecem os operários encarnados que lhe abraçam a proposta da caridade com dedicação, pontualidade e responsabilidade, beneficiando a cada um desses trabalhadores com energias íntimas de sustentação moral e espiritual.

Em consequência, fortalecem-nos as almas propiciando um clima de mais segurança íntima por meio dessas energias, para enfrentarmos as lutas pessoais, passando, cada um de nós, a ser um exemplo de fortaleza moral e de dedicação aos semelhantes.

Podemos dizer que essa dinâmica favorece a longevidade a representar a diminuição das condições humanas, pois, no auxílio ao semelhante, passamos a ter outra visão da vida no plano físico, enxergando com mais suavidade e confiança os desafios e a transitoriedade dos bens materiais, adquirindo mais vitalidade para que as energias espirituais possam ser a força diretora de nossas existências a fim de nos adequar às realidades do plano maior, com o intuito de sentir a natureza eterna e, assim, vivermos antecipadamente na Terra as realidades do plano espiritual.

Na medida em que essas experiências forem estabelecidas, o fulcro luminoso do espírito nascerá do interior do ser para começar a reger a vida em níveis mais amplos.

Reflexão

Ao fazer o bem você vive as bênçãos da realidade espiritual enquanto está encarnado.

81. logomarcas

"Nisto conhecerão todos que sois meus discípulos, se tiverdes amor uns aos outros."

João 13:35

Em todos os trabalhos humanos, as empresas e as instituições elegem uma logomarca como símbolo que represente sua identidade visual junto aos seus empreendimentos, com o fim de encontrarem o sucesso na divulgação de suas mensagens.

Ela dá sentido à marca, definindo-a ao longo do tempo e no espaço de sua atuação. É vista como uma parte importante do código genético de uma empresa e influencia o seu percurso.

O caminho da espiritualização é o empreendimento mais importante da humanidade e Jesus elege a logomarca do amor e do bem como a referência maior para que nós possamos definir os caminhos de atuação na jornada da vida.

Consagrando a essência da Vida Universal, essas logomarcas são a certeza do sucesso que rege todos os investimentos que os seres podem fazer na vitória sobre si mesmos.

Reflexão

Que o amor e o bem sejam suas logomarcas no grande empreendimento de sua vida.

82. PAZ NO CORAÇÃO

"Deixo-vos a paz, a minha paz vos dou; eu não vo-la dou como o mundo a dá. Não se turbe o vosso coração, nem se atemorize."

João 14:27

O coração simboliza um centro superior e dinâmico de energias emocionais.

Movimenta-se no campo dos interesses humanos que buscam preponderantemente o ganho, o prazer, a realização das vantagens pessoais quando deveria servir de canal para a manifestação das forças superiores da vida.

Infelizmente, nem sempre é percebido dessa forma e acabamos por sobrecarregar esse núcleo delicado e potente do ser sustentando emoções perturbadas como a ansiedade para a concretização dos desejos que não estão em sintonia com o respeito alheio; como a angústia criada por relacionamentos que não possuem raízes na legitimidade dos valores espirituais; como a mágoa que sustenta as decepções diante das limitações dos companheiros de jornada. Na esteira dessas emoções infelizes encontramos múltiplos comportamentos que desestruturam o equilíbrio desse importante centro vital.

Dia virá em que nossos corações manifestarão a harmonia e o equilíbrio da paz real do Criador que mostra a sincronia e a perfeição como fundo que sustenta a tudo e a todos.

A paz é qualidade excelsa que mostra Deus em nós.

Não é por acaso que Jesus sempre nos diz que nos dá e deixa Sua paz para que o coração não se atemorize.

Reflexão

Alimente seu coração com emoções felizes e traga para sua vida a paz que permeia o Universo.

83. retificando CONDUTAS

"[...] somos corrigidos, para não sermos condenados com o mundo."

1 Coríntios 11:32

Os aspectos negativos que ainda carregamos precisam de novas diretrizes para desfazer suas cargas energéticas, a fim de diminuirmos as reações diárias dos hábitos para redirecionar essas energias na aquisição de novas atitudes que fortaleçam a ação no bem.

A retificação da conduta trará a melhoria de nossa personalidade.

Seguir com Jesus é conviver pacificamente com essas expressões do passado, sem olharmos para trás ou nos fixarmos nelas, aceitando quem somos para dar uma direção nova ao mundo íntimo e com isso fazer a nossa parte na reestruturação do mundo.

Regenerando-nos regeneraremos a Terra.

Reflexão

Ao mudar a sua conduta você ajuda a modificar a conduta das pessoas que convivem com você.

84. Na rota SEGURA

"Vede também os navios que, embora tão grandes e levados por impetuosos ventos, com um pequenino leme se voltam para onde quer o impulso do timoneiro."

Tiago 3:4

Confiemos no bem e em Jesus que traz à Terra novas rotas, direcionando o leme na direção de Deus.

Acreditar na Sua proposta é confiar que o Universo é sustentado pela mente poderosa do Criador, que é o fator que determina tudo.

Aproveitemos a oportunidade bendita de operarmos junto às falanges do alto com a missão de modificar as paisagens tristes da Terra, onde os habitantes, espiritualmente infantis, não sabem aproveitar as possibilidades recebidas.

O trabalho é contínuo e estamos sempre a postos para que tudo ocorra de acordo com as determinações traçadas pelo Mestre de amor.

A luz raia para o planeta e iluminará até os confins dos corações em sofrimento.

Nicanor

Reflexão

Confie, pois quem está no leme é Jesus.

85. casamento PERFEITO

"O marido pague à mulher o que lhe é devido, e do mesmo modo a mulher ao marido."

1 Coríntios 7:3

Tendo desenvolvido a razão, todos somos chamados a utilizar a lógica com base no bem, pois se ela for usada apenas nos interesses humanos seus resultados serão constantemente de destruição e de dor aos semelhantes.

No versículo acima o marido simboliza o campo da razão, e a mulher o campo do sentimento.

A razão precisa ser clareada pelas forças dos sentimentos nobres para se direcionar a planos mais altos e evitar raciocínios superficiais, tanto quanto os sentimentos necessitam da razão baseada na justiça para se direcionarem a manifestações mais equilibradas e evitar o sentimentalismo.

Sentir e pensar no bem são as duas asas da evolução que nos farão plainar além dos horizontes humanos em rota segura para a angelitude.

Não é por acaso que simbolicamente está escrito no Antigo Testamento: "Não é bom que o homem fique só."[23], pois somente com o equilíbrio dessas duas áreas atingiremos um estado de harmonia, caracterizando o verdadeiro casamento.

Assim, ampliando as possibilidades da razão surge o sentimento como mola propulsora de seu engrandecimento moral, nos remetendo à primeira união estabelecida pelo Criador: Adão e Eva.

Na medida em que a razão ultrapassar os limites ilusórios das vibrações materiais encontrará o roteiro que abrirá a mente para o entendimento da divina Inteligência.

Leão Zálio

Reflexão

Construa seu equilíbrio com base na razão apoiada pelo sentimento de justiça e nas emoções orientadas pelos raciocínios nobres.

---

[23] Gênesis 2:18

86. Em favor DA PAZ

"Tenho-vos dito estas coisas, para que em mim tenhais paz. No mundo tereis tribulações; mas tende bom ânimo, eu venci o mundo."

João 16:33

A Terra atravessa o período de transição, saindo de mundo de provas e expiações para entrar na categoria de mundo regenerado, no qual precisamos buscar a paz e a confiança.

Nesse contexto os acontecimentos fogem do nosso controle transformando-os em uma experiência-reflexão que nos convocam a uma mudança de atitude para não agravarmos as perturbações dessa hora com as dificuldades de cada um.

Somos induzidos a sair do campo fechado do egoísmo e do apego que nos levam a esquecer da dor alheia e bloqueiam a sensibilidade que precisamos desenvolver para adentrar as portas do amor que rege o universo.

É hora de assumirmos a postura dos que abraçam a paz como o melhor ambiente para os momentos escuros que ainda persistem nas paisagens do planeta.

Oração, trabalho, estudo e poucas palavras e pensamentos relativos ao medo e ao desespero representam um programa inicial de apoio às equipes espirituais que têm o compromisso com a renovação dos valores de que o orbe necessita.

Somos agentes do bem para construir a paz em nós, fixando na sociedade as bandeiras regeneradoras que são Deus, Cristo e a caridade.

Com esses valores a nortearem nossas vidas colocaremos a Terra no rol dos mundos elevados e nobres.

Reflexão

Se você tiver paz o mundo a sua volta também terá.

87. Trabalhadores da ÚLTIMA HORA

"Disseram-lhe eles: Porque ninguém nos assalariou. Diz-lhes ele: Ide vós também para a vinha, e recebereis o que for justo."

Mateus 20:7

No balanço dos acontecimentos do mundo, Jesus elabora e assegura o certificado de amadurecimento espiritual das criaturas que estão sob a influência de Seu coração a fim de que todos desenvolvam os valores espirituais nos lances da caminhada evolutiva.

O homem terreno não é deserdado dos céus, mas filho do Altíssimo que traz o germe das potências de perfeição que lhe expressam a herança divina.

Precisamos deslocar o foco das atenções para dentro de nós para encontrarmos a energia que nos liga a Deus pela serenidade diante das emoções perturbadoras, pela compreensão que nos faz ver a transitoriedade do que nos acontece, pela paciência que evita a irritação diante de todas as contrariedades, pelo otimismo conquistado nas mudanças gradativas que evitam a ansiedade.

Somos os trabalhadores da última hora e Jesus nos aguarda para que possamos realizar a mudança de conduta edificada pelo comportamento em sintonia com seus exemplos. Essa nova postura determinará as atitudes que se espera de nós enquanto ser regenerado que herdará a Terra daqui em diante.

A musicalidade do Amor nos tocará intimamente levando-nos a encontrar a fonte de inspiração e beleza que são estruturadoras do espírito.

Nesse processo aprenderemos a ler Suas verdades escritas no livro da consciência.

Reflexão

Promova-se a trabalhador da regeneração, preparando-se para habitar uma Terra modificada e mais feliz.

88. Melancolia

"Antes, porque vos disse isto, o vosso coração se encheu de tristeza."

João 16:6

A melancolia é a expressão adoecida da mente que traz em si os reflexos do passado culposo vinculados a interesses mesquinhos e inúteis, egoístas e passageiros.

A solução para problemas como esse, em primeiro lugar, é aceitarmos essas energias sem lutar contra elas para não fortalecê-las.

Em segundo lugar, é abraçarmos a ação no bem pelo exercício da caridade e nos contrapormos às movimentações de desequilíbrio na transformação das atitudes. Quando fazemos o mal a alguém surgem a culpa e a tristeza. Quando fazemos o bem surgem a alegria e a paz, determinando a separação do joio e do trigo e favorecendo o desdobramento do trigo como semente do bem na vida.

Em terceiro lugar, é estudar os valores elevados da vida expressos nas mensagens nobres da espiritualidade dirigidas aos homens de forma constante.

Na medida em que abraçarmos este programa simples virá a percepção de que esse estado de espírito infeliz passará até que, em definitivo, encontremos o estado de paz e alegria que representam o reino dos céus que não vem por aparências exteriores.[24]

Reflexão

Cure a melancolia dedicando-se às dores alheias e cultive a alegria por meio das flores da gratidão.

---

[24] Lucas 17:20

89. É hora de SANEAR

"[...] Limpa primeiro o interior do copo e do prato, para que também o exterior se torne limpo."

Mateus 23:26

Das esferas resplandecentes descem as vibrações dos seres iluminados que operam as transformações necessárias em todos os recantos do planeta, seja nos planos materiais ou espirituais.

Um trabalho de saneamento, planejado pelo alto, está sendo feito e é necessário que ele ocorra também em nossos pensamentos e emoções.

Deixemos sair de nós as energias que nos prendem aos campos inferiores do passado e elejamos as forças elevadas da paz e do amor como únicas expressões capazes de nos fixar em sintonia com estes corações amorosos e amigos.

Sejamos antenas vivas desses mensageiros e tornemo-nos instrumentos desses nobres companheiros para que possamos, aos poucos, senti-los cada vez mais vivos junto de nós.

Reflexão

Limpe seu espírito das impurezas emocionais e acompanhe a Terra em sua renovação.

90. preparo ÍNTIMO

"Mas, buscai primeiro o reino de Deus, e a sua justiça, e todas estas coisas vos serão acrescentadas."

Mateus 6:33

Precisamos ficar atentos às necessidades íntimas para a melhoria das condições espirituais:

• leitura edificante para a elevação dos pensamentos e palavras;

• trabalho no bem para o aperfeiçoamento dos dons recebidos pelo Pai;

• caridade para desenvolver o desprendimento;

• doação para o desenvolvimento do afeto, a fim de que possamos receber amparo e amor daqueles que querem o nosso bem.

Quanto mais desenvolvermos os padrões elevados do ser, maiores serão as condições de nossa intimidade para nos transformarmos no templo vivo do Criador a se expressar a todos os corações da Terra.

Reflexão

Se você desenvolve recursos preciosos dentro de você, os valores nobres da vida serão atraídos para sua existência.

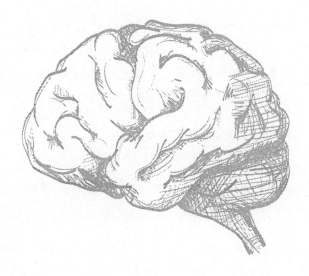

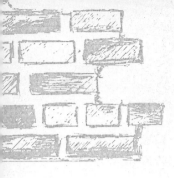

91. Alicerces DO BEM

"Nós o ouvimos dizer: Eu destruirei este santuário, construído por mãos de homens, e em três dias edificarei outro, não feito por mãos de homens."

Marcos 14:58

Na construção de uma casa ou prédio há a necessidade de escolhermos os materiais adequados para a fundação segura a fim de que eles se tornem úteis na condição de abrigo e proteção.

Assim é necessário descobrirmos também por nós quais elementos essenciais devemos desenvolver para a construção do bem que nos protegerá e sustentará diante dos desafios.

A base fundamental dessa edificação começa com:

· a humildade, que é instrumento d'Aquele que tudo faz e não aparece nunca;

· a abnegação, que é a forma de fazermos as coisas com carinho e entrega total;

· a renúncia, que dilata o bem pessoal em favor do benefício de todos, contemplando ainda

- a compreensão, que percebe com acerto o lugar de cada um e suas condições evolutivas para ver que aquilo que é adequado para nós pode não ser para o outro.

Assim, somando estes elementos essenciais na construção do bem, estaremos a caminho de assumir a posição de engenheiros do amor, pois essa é a condição de Jesus que até hoje auxilia--nos a construir em nós o Reino do Céu preparado como obra redentora em Suas mãos.

Reflexão

Procure os melhores materiais para construir sua obra pessoal.

92. MARCAS DO CRISTO

"Daqui em diante ninguém me moleste; porque eu trago no meu corpo as marcas de Jesus."

Gálatas 6:17

Manjedoura – Alicerce da humildade na preparação do caminho.

Carpintaria – Campo de operação por meio do trabalho na direção do bem, utilizando as forças da criação, expressando dessa forma o verbo servir.

Pregação – Verdade estabelecida na intimidade para fixá-la nos corações dos homens por meio da exemplificação que ensina pelo silêncio das ações sem palavras.

Perseguição – Área de testemunhos e exemplificação das verdades abraçadas por nós.

Crucificação – Libertação dos erros que influenciam a todos que querem atingir o alto do monte da elevação espiritual, o que só ocorrerá com a entrega definitiva de nossas vidas aos propósitos da Mente que, no sacrifício, consegue fazer tudo por amor.

Reflexão

Nas marcas do Cristo você encontra roteiro seguro para viver a Verdade que liberta.

93. A caminho DO PAI

"[...] ninguém vem ao Pai, senão por mim."

João 14:6

Queremos entrar nos campos extraordinários de nossa intimidade com o auxílio dos outros, mas só poderemos fazer isso sozinhos. Essa investigação própria é pessoal e as possíveis orientações que podem ajudar são somente trocas de experiências nesse processo.

Como alguém poderá auxiliar-nos se eles não têm como fazer o que depende unicamente de nós?

Na conclusão evolutiva das experiências no campo humano encontraremos a Vida que "não tem começo e nem fim",[25] ou seja, a realidade do espírito eterno.

Precisamos indagar, perceber e estudar com afinco e determinação o mundo íntimo, pois esse é o mais importante movimento de nossas vidas.

---

25 Livro dos espíritos, questão 2 - Allan Kardec - FEB Editora.

Como falar de algo que as palavras não conseguem expressar? Como abranger aquilo que o conhecimento e a razão não podem revelar?

O caminho não é outro, como já nos foi revelado, que ninguém vai ao Pai senão por Ele. Essa afirmativa é a representação da realidade do autoconhecimento e somente por Ele se revelará a verdade que tanto almejamos e que está além das limitações pessoais.

Krishinamurt

Reflexão

Ao se encontrar com sua realidade espiritual você encontra Deus.

94. nova Jerusalém

"[...] vi a santa cidade, a nova Jerusalém, que de Deus descia do céu, adereçada como uma esposa ataviada para o seu marido."

Apocalipse 21:2

A noite de provas e de expiações termina no alvorecer de um novo dia, que traz para os horizontes do planeta a claridade do sol do Cristo de Deus, que na regeneração começa a iluminar as consciências despertas, ainda agora diante do tumulto do mundo moderno, que em uma visão superficial, aparenta demonstrar o contrário.

Nunca se viu tantas possibilidades de reconstrução como agora.

A principal reformulação está dentro de cada ser humano.

Desbravar a intimidade é o lema da regeneração na recondução das energias para a renovação da vida.

Um dia o planeta Terra será caracterizado como um mundo celeste, a nova Jerusalém, tanto quanto os homens brilharão na conquista da herança que trazem que é a predominância do espírito sobre a matéria.

Dilatemos os olhos para enxergarmos a beleza de nosso destino a confirmar as palavras de Jesus que afirmou que os puros de coração verão a Deus.[26]

As nuances de beleza interior encontrarão o respaldo dessa mesma formosura que se encontra em toda parte.

Paz a todos e avante nos caminhos da regeneração da Terra e de nossos próprios corações!

Reflexão

A mudança para um mundo melhor começa com o encontro da sua natureza real.

---

26 Mateus 5:8

95. HINO à Terra

"[...] Hosana ao Filho de Davi! Bendito o que vem em nome do Senhor! Hosana nas alturas!"

Mateus 21:9

Hosana ao Senhor!

Das esferas resplandecentes desce um hino de exaltação à vida!

A mente dos homens é celeiro fértil para assimilar-lhes as sementes de vida eterna.

Somos todos filhos amorosos do Pai que está nos céus. Não duvidemos dessa origem. A essência da Vida é o material sublime que se encontra em todos nós.

Semeadores da verdade nos acompanham passo a passo.

Abramos os corações para sentir-lhes a presença.

Percebamos coisas que a mente comum não pode vislumbrar.

É chegado o tempo em que os céus e a Terra deverão se unir para o espetáculo de engrandecimento e iluminação.

Sejamos os herdeiros de Jesus na obra da restauração do planeta como morada de luz nesse imenso campo de vibrações que nascem da mente do Pai em oferta a todos os seus filhos.

Glória a Deus nas alturas e paz na Terra aos homens de boa vontade![27]

Reflexão

Ouça o hino de louvor à vida e adote essa canção como inspiração de sua existência.

---

[27] Lucas 2:14

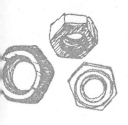

96. Operários DO BEM

"Então disse Jesus aos seus discípulos: Se alguém quiser vir após mim, renuncie-se a si mesmo, tome sobre si a sua cruz, e siga-me."

Mateus 16:24

Quando somos tocados pelas verdades espirituais e seguimos suas recomendações, abraçamos o movimento ativo de transformação da Terra por meio da melhoria, tornando-nos dignos representantes do Cristo e operários do bem.

Quantos aguardam revoluções a se operarem na sociedade humana, quando estas devem ocorrer, primeiramente, nos corações de cada um.

Logicamente que os mundos evoluem tanto quanto os seres que vivem nele crescem espiritualmente diante da vida.

A Terra está prestes a chegar à condição de mundo superior para a qual foi projetada pelos arquitetos do mundo maior.

Sejamos aqueles que escutam o chamado do Cristo de Deus e pegam suas cruzes sem olhar para trás, partindo para amenizar as dores alheias e ajudando, na medida de suas possibilidades, a carregar suas cruzes pessoais.

Estaremos, assim, na renovação de nossos espíritos, acompanhando as transformações pelas quais a Terra precisa passar e que já está passando.

Reflexão

A hora de renovar é agora. Entre em ação a favor de seu crescimento.

97. liberdade Suprema

"Porque Jesus ordenara ao espírito imundo que saísse do homem. Pois já havia muito tempo que se apoderara dele; e guardavam-no preso com grilhões e cadeias; [...]"

Lucas 8:29

Em todos os períodos da história da Terra o homem esteve escravizado por diferentes aspectos.

No princípio da sua evolução, ficou preso à ignorância.

Mais tarde, as expressões de castas e de raças o escravizaram e construíram a crença de que a diferença racial expressava o fato de que uns fossem melhores do que outros.

Mais à frente, se viram acorrentados pelos prazeres e valores transitórios da vida material.

Agora, as grades que nos constrangem estão em nós a se manifestarem por angústias, anseios desnorteantes, apegos, ilusões e expectativas exageradas.

Esses estados perturbadores, que são simbolizados como espíritos imundos em nós, surgiram quando transviamos as experiências positivas no reino animal em que o medo, a raiva e as tristezas que são instintos protetores da vida se tornaram, agora, em emoções perturbadoras quando adotadas diante dos desafios do crescimento. Nessas circunstâncias, ao invés de acalentá-las, deveríamos ter utilizado a razão para transformar essas emoções em coragem, serenidade, bom ânimo, diálogo, bom senso e em tantos outros recursos do patrimônio humano.

Chegará o dia em que deixaremos essas emoções perturbadoras na descoberta da realidade transcendente, que é o espírito eterno, desbravando os caminhos da liberdade suprema.

Reflexão

O caminho da sua liberdade está traçado no seu espírito.

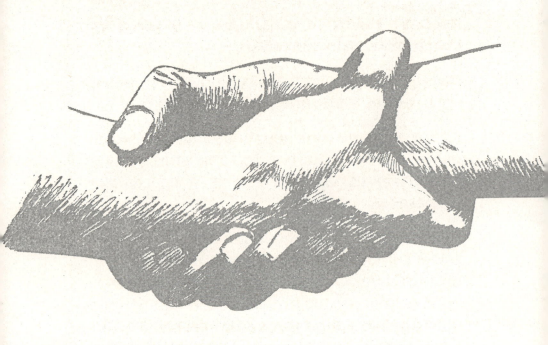

98. NO AUXÍLIO ao próximo

"[...] consoleis os de pouco ânimo, sustenteis os fracos, e sejais pacientes para com todos."

1 Tessalonicenses 5:14

Queridos filhos do coração.

O amor é a mensagem exata que cabe a todos os que estão em sofrimento.

Diante da dor alheia aconchegue cada irmão que sofre ao seu coração, a fim de alimentar-lhe a esperança na obtenção de paz e de alegria.

Esses companheiros de caminhada aguardam nossa presença amiga, as palavras de consolo e auxílio como se fossem pão para matar a fome de suas almas.

Aprendamos com Aquele que chegou até nós com o único propósito de amar e servir e estaremos no caminho certo.

As pegadas do Cristo são as marcas da verdadeira caminhada em direção à paz íntima.

Estejamos em Sua companhia e seremos seus mensageiros junto daqueles que ainda não lhe sentem a presença sempre viva e atuante na vida de todos que se movimentam nesse vale de lutas e crescimento.

Paz em cristo!

Fabiano de Cristo

Reflexão

Seja o braço amigo que sustenta os irmãos de caminhada.

99. ALVORECER de um novo tempo

"E temos ainda mais firme a palavra profética à qual bem fazeis em estar atentos, como a uma candeia que alumia em lugar escuro, até que o dia amanheça e a estrela da alva surja em vossos corações;"

2 Pedro 1:19

O saldo da luta diária é a maturidade.

Ninguém está desamparado.

Os olhos d'Aquele que organizou o orbe e as diretrizes da vida determinam a colheita das experiências para que todos cresçam nesses tempos que correm.

Aguardemos com fé e esperança o momento das tempestades morais que ocorrem nesses tempos de transição.

É alvorada de um novo dia.

Um hino de exaltação começa a entoar para o planeta que se abre para sua transformação, saindo da categoria de mundo de provas e expiações e entrando na era da regeneração.

Hosanas ao Senhor, paz e boa vontade aos homens.

Amanhece!

Logo o dia vai chegar e o sol da Verdade espargirá, sobre todos, o calor de uma nova etapa de vida na Terra.

Muita paz!

Reflexão

Esteja desperto no alvorecer de um novo tempo que te aguarda.

100. TALIDOMIDA[28]

"[...] Misericórdia quero, e não sacrifício. Porque eu não vim a chamar os justos, mas os pecadores, ao arrependimento."

Mateus 9:13

Pela falta de uma visão universalista de que todos somos filhos de um Pai justo e bom, muitos de nós regressamos das lutas dolorosas do passado ainda vinculados aos erros perpetrados e em estado de profunda revolta.

É assim que, enganados por uma percepção míope de raça pura, acreditávamos ver nas diferenças étnicas seres inferiores a nós.

Nas atitudes precipitadas do orgulho utilizamos muitos métodos para facilitar a morte em massa visando à depuração da raça humana. Esses acontecimentos devem ser esquecidos na triste história de nossas precipitações, mas devem ser levados em consideração diante da lei de causa e efeito.

Hoje, por misericórdia divina, nas trocas de corpos pelo mecanismo da reencarnação, encontra-

---

28 Trata-se de um medicamento desenvolvido na Alemanha, em 1954, inicialmente como sedativo. Contudo, a partir de sua comercialização, em 1957, gerou milhares de casos de Focomelia, que é uma síndrome caracterizada pela aproximação ou encurtamento dos membros junto ao tronco do feto.

mos os antigos agressores agredidos em si mesmos passando por resgates dolorosos por meio da síndrome da talidomida.

Assim também, quando percebemos grupos de irmãos em provas ásperas da fome, a exemplo dos companheiros africanos ou outros encarcerados nos leprosários, pensemos na possibilidade de que alguns destes foram os que aplicaram estas infelizes ações junto aos semelhantes.

Oremos por eles.

Desejamos a todos as vibrações de paz e amor como remédio aos corações.

Um companheiro da talidomida

Reflexão

No exercício da compaixão diante de irmãos em profundo sofrimento busque a prece como remédio para alma.

101. o único CAMINHO

"E eis que, aproximando-se dele um jovem, disse-lhe: Bom Mestre, que bem farei para conseguir a vida eterna?"

Mateus 9:16

Não importa os obstáculos que apareçam, vamos contorná-los para que o bem esteja sempre presente.

Não contem o tempo e as dificuldades, o bem ultrapassa todas as expectativas das horas e das eras.

Não observem os ângulos obscuros da tarefa ou da luta, o bem e a luz clareiam as coisas e os acontecimentos.

Façam o bem e ele representará a solução dos desafios que aparecerem.

Não seremos conhecidos pelas dificuldades que encontramos, mas pelas possibilidades das realizações no bem que escolhermos nas existências pela superação dos desafios de crescimento. Assim, o próprio bem nos afiançará para o encontro com a felicidade que tanto almejamos, pois se há uma definição melhor para ela é: viver e fazer do bem o objetivo máximo de nossas vidas.

Reflexão

Nas atividades do bem você encontrará todas as sinalizações para conduzir sua vida em segurança.

102. Emancipação Epiritual da TERRA

"Mas nós, segundo a sua promessa, aguardamos novos céus e nova terra, em que habita a justiça."

2 Pedro 3:13

A claridade divina se faz mais forte em todos os lugares e acontecimentos.

Os homens já vislumbram com maior exatidão a presença da paz e da harmonia, do equilíbrio e da beleza que são expressões vivas das forças transformadoras.

A Terra vem dilatando suas possibilidades para se tornar um mundo ditoso, onde o bem sobrepuja o mal, e o divino, que é a habitação de espíritos depurados, onde exclusivamente reina o bem.[29]

Passemos, portanto, a enxergar o próximo como um irmão e a fraternidade como o alvorecer do estágio evolutivo do orbe.

Hosana a Jesus, o governador planetário, paz aos homens de boa vontade!

---

29 O evangelho segundo o espiritismo, capítulo 3, item 4 – Allan Kardec – FEB Editora.

Reflexão

Sua transformação moral te habilita a morar na nova Terra.

103. na espera DA PAZ

"Pelo que, amados, como estais aguardando estas coisas, procurai diligentemente que por ele sejais achados imaculados e irrepreensíveis em paz;"

2 Pedro 3:14

Se aguardarmos que a paz nos envolva a partir dos acontecimentos que nos cercam, estamos enganados e também se enganam os que convivem conosco e esperam receber de nós a paz que deve nascer de cada um. Com a nossa paz podemos estimular o outro na construção de sua paz, mas nenhum de nós a receberemos pronta.

Toda realização para ser real nasce de dentro do ser para o mundo que o cerca e não o contrário.

Todos somos chamados a desenvolver a paz na intimidade para que entremos em sintonia com a Paz que está em todo lugar.

Observemos quais as energias íntimas que sustentamos em nós para saber se estamos em paz ou em perturbação. Se nos encontramos envolvidos pela decepção, pela mágoa, pela tristeza e tantos outros estados infelizes busque asserenar o íntimo por meio da compreensão e aceitação das situações que não podemos modificar, usemos da energia e vontade para mudar o que seja possível, construindo com essas atitudes a base da paz em nós.

Quando tivermos a capacidade de exteriorizar energias suaves e leves perceberemos que esta mesma leveza e suavidade é a paz de Deus em benefício de todos nós.

Reflexão

Você já é capaz de construir a sua paz modificando sua maneira de viver.

104. Esperança

"Tendo esperança em Deus, como estes mesmos também esperam [...]"

Atos 24:15

Esperança é o meu nome.

Venho para todos os corações que não veem mais a luminosidade no fim do túnel.

Podemos pensar que a Terra está envolvida em grande nuvem de trevas, mas é um engano.

Ela só está passando por momentos de aferição de valores, e devemos escolher o caminho da edificação espiritual.

Não se esqueçam de mim que sou um anjo e mensageira de alento a todos que sofrem.

Sou companheira enviada por Jesus ao planeta nesses momentos difíceis pelos quais ele tem passado.

Estarei brilhando em todos que buscam a minha presença por meio do trabalho no bem.

Para o que agride, eu sou o perdão.

Para o que erra, eu sou a lição aprendida.

Para o que se ilude, eu sou verdade que esclarece.

Para o que sofre, eu sou a consolação.

Para o está doente, eu sou o caminho para a saúde.

Para o que não conhece, eu sou ânimo para o aprendizado.

Para o que julga, eu sou o respeito.

Quero morar dentro de cada um de vós.

Esperança, esperança. Eis a minha mensagem viva para que se concretize a finalidade para qual existo: a paz no coração dos homens

Reflexão

Abra sua vida para que o anjo da esperança esteja em você.

105. BARRABÁS

"Portanto, estando eles reunidos, disse-lhes Pilatos: Qual quereis que vos solte? Barrabás, ou Jesus, chamado Cristo?"

Mateus 27:17

Os homens julgam até hoje a troca injusta e sem procedência por parte das autoridades e do povo de Jerusalém que, ao se verem diante da condenação de Jesus ou da condenação de um criminoso bárbaro, optaram pela libertação do criminoso e não do Justo.

Barrabás, por ter sido absolvido, é até hoje um nome maldito na Terra.

Estendendo as reflexões, vamos perceber que há um Barrabás em cada um de nós que busca tomar o lugar dos outros para nos beneficiarmos das oportunidades que lhes estão destinadas, ainda sabendo que não merecemos e que o direito do benefício pertence a eles.

Em função desses desvios de conduta, é chegado o tempo de abrir mão de sermos beneficiados para privilegiar aqueles que merecem mais do que nós, evitando assim a leviandade na utilização dos bens que pertencem a todos.

A Terra sai da condição de penitenciária para se tornar um centro de recuperação e redirecionamento para que amanhã essa escola bendita seja um lar para as almas redimidas.

Somos todos infratores e quando nos encontrarmos diante de situações que necessitam de nosso juízo lembremos o conselho de Jesus: "Não julgueis para não serdes julgados."[30]

Reflexão

Em suas escolhas liberte o Cristo que há você.

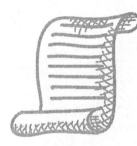

106. A escrita DE DEUS

"Para que conheças a certeza das coisas de que já estás informado."

Lucas 1:4

O Universo é regido por leis invisíveis às pesquisas dos homens, independente de ter alcançado tantas conquistas tecnológicas do micro ao macro universo.

---

30 Mateus 7:1

Não há nada vagando sem direção em lugar nenhum.

A vida é regida por normas em todas as áreas e nada há perdido caminhando sem intervenção superior.

Existem orientações que nascem do alto na diretriz da vida para atingir a perfeição.

São leis naturais que nascem do Gestor do Universo e que reflete todos os aspectos da vida e dos seres que habitam nas diversas moradas do Pai.

Aprendamos a ler essas leis dentro de nós e façamos parte das diretrizes de onde nascem todos os livros sagrados, pelos quais os seres iluminados que passaram na Terra deixaram um roteiro de paz e liberdade. Por isso, do Cristo nasceu o cristianismo, e de Buda, o budismo, mostrando para nós que é do espírito que nascem todas as orientações superiores, onde a alma é a personalização das leis naturais em forma de um ser.

Jerônimo

Reflexão

Você é o registro vivo das leis de Deus. Ser capaz de ler essas orientações em sua alma é o grande desafio.

107. em louvor
À VERDADE

"[...] e conhecereis a verdade, e a verdade vos libertará.

João 8:32

Onde estiveres, com quem seguires, quando puderes, devote louvor à Verdade.

O Cristo nos disse que conheceremos a verdade e ela nos libertará. Não é por acaso que em todos os tempos o homem vem perseguindo a verdade para encontrá-la tanto nas lides científicas quanto nas religiosas.

A verdade é a presença de Deus acima de todas as coisas.

E quem se dedica a conhecê-la deverá descobri-la primeiramente em si mesmo.

Toda verdade estudada e comentada, por mais bela que seja, ainda fruto da mente e não do coração, é mais pensada do que sentida.

A verdade terá o brilho que merece quando se manifestar a partir do sentimento puro e elevado que cada um conseguir vivenciar na vida.

Quando cada ser humano descobrir a Verdade em si, sereis o esplendor do mundo.

Reflexão

Faça brilhar sua luz e você refletirá a Verdade.

108. O Reto PENSAR

"[...] não que sejamos capazes, por nós, de pensar alguma coisa, como de nós mesmos; mas a nossa capacidade vem de Deus, [...]."

2 Coríntios 3:5

Um dos princípios do Budismo, que cabe a todas as linhas do pensamento filosófico e religioso, fala-nos do reto pensar. O reto pensar nesse contexto origina-se do reto sentir que, por sua vez, se desdobra no reto falar e que sintetiza a adoção de uma vida reta.

O pensamento deverá ser no futuro um dos elementos mais importantes nas transformações do mundo a refletir o pensamento sublime do

Criador. O pensamento é força divina da vida para deixar nossas marcas no tempo e no espaço.

Ainda hoje, o pensamento reto é motivo de muitos desafios e sofrimentos para os que buscam desenvolvê-lo.

Para expandir o reto pensar é imprescindível abrir o coração para sentirmos o Bem que é alavanca de elevado teor para dar-lhe asas na sublimação que deverá atingir para a edificação do homem novo e a reconstrução do bem viver.

Devemos abrir mão da forma de pensar, baseada até hoje no ego, e pensar de acordo com a vontade de Deus.

Reto pensar, reto viver – expressão da presença de Deus em nós.

Reflexão

O desenvolvimento do seu reto pensar está vinculado em você sentir o Bem.

109. PADRÕES Estabelecidos

Nós, porém, não nos gloriaremos além da medida, mas conforme o padrão da medida que Deus nos designou para chegarmos mesmo até vós;"

2 Coríntios 10:13

O espírito em estágio na infância espiritual não sabe caminhar com os próprios pés e se apoia na orientação de espíritos preparados para tomar contato gradativo com as verdades espirituais que dizem respeito ao roteiro de seu crescimento.

Dentre estes roteiros encontramos os valores estabelecidos por Jesus para o amadurecimento espiritual e para a libertação.

Eis alguns deles:

• Pediu-nos para amar o próximo como nos amamos.[31] Amando de forma a encontrar no outro a nossa própria realidade interior.

• Convidou-nos a perdoar não só sete vezes, mas setenta sete vezes.[32] Esquecendo todas as ofensas e agressões, lembrando sempre que estamos sujeitos esses enganos.

---

31 Mateus 22:39

32 Mateus 18:22

· Alertou que só podemos atirar a primeira pedra se estivermos absolutamente sem pecados.[33] Não condenando ou julgando ninguém, pois trazemos as obscuras condições de agressões e erros.

· Convocou-nos a amar os inimigos.[34] Observando que aqueles que denominamos hoje como sendo inimigos são os amigos que um dia se decepcionaram conosco.

Lembremos que ontem nós também alimentávamos esses estados com os outros que, diante de nossos erros, calaram o revide em favor da paz.

Se refletirmos nas palavras sublimes que nascem do coração amoroso de Jesus estaremos seguros de que, desta vez, acertaremos.

Reflexão

Adotando os valores de Jesus você enriquecerá sua existência.

---

33 João 8:7
34 Mateus 5:44

110. Abortados

"Ouvistes que foi dito aos antigos: Não matarás; mas qualquer que matar será réu de juízo. Eu, porém, vos digo que qualquer que, sem motivo, se encolerizar contra seu irmão, será réu de juízo, [...]"

Mateus 5:21-22

Muitas mulheres que querem ser mães e não conseguem estão sob atuação da lei de retorno que lhes impedem, temporariamente, a possibilidade excelsa da maternidade educadora em função dos desacertos do passado. E nesses desacertos, o aborto, provavelmente, se encontra presente como errônea solução buscada diante da gravidez indesejada. Entretanto, há também outros "abortos" que se expressam por maneiras diferentes.

Ocorrem quando negamos assistência e fraternidade junto ao bem-estar dos laços da família consanguínea.

Estão presentes na separação afetiva provocada pela imprudência ao usarmos as energias genésicas como se os parceiros fossem apenas objetos de exclusivo prazer.

Outros ocorrem quando, elaborando julgamentos infelizes, afastamos as pessoas e fechamos a porta do aprendizado elevado, da reabilitação e do soerguimento moral.

Se o aborto é um choque tremendo nas esperanças reencarnatórias não nos esqueçamos desses outros "abortos" que eliminam expressões diversas de vida, testificando que a lei de Moisés ainda se faz necessária na realidade de hoje: "Não matarás".

Reflexão

Não aborte as suas chances de crescimento e nem as dos outros.

111. PARÁBOLAS

"Por isso lhes falo por parábolas; porque eles, vendo, não veem; e, ouvindo, não ouvem nem compreendem."

Mateus 13:13

As verdades da realidade espiritual são alimento de elevado teor, mas que não pode ser absorvido por todas as pessoas da mesma forma e com as mesmas condições.

Crianças espirituais que éramos, bebíamos leite puro e simples, de acordo com a expressão de

Paulo,[35] porque não podíamos nos abastecer de alimento mais apurado para o entendimento ainda imaturo que sustentamos até bem pouco tempo.

Jesus usava parábolas por causa das condições limitadas da mente dos homens.

Agora não precisamos mais aprender pelas parábolas, com símbolos e histórias, pois a claridade do Consolador Prometido se faz como sol para nós.

O amanhecer se estende na Terra e nós, que no passado estávamos amparados exclusivamente pelo sol interior de Jesus, hoje somos chamados a fazer claridade buscando o amparo nas verdades que existem em nossa intimidade.

Disse-nos o Mestre que somos a luz do mundo.[36]

A fase infantil passou.

É o momento em que as verdades nascem das atitudes para que a luminosidade saia da fonte da vida preservada no coração de cada um.

Reflexão

Você já é capaz de entender Jesus com seus próprios recursos. Faça sua emancipação espiritual.

---

35 Hebreus 5:13
36 Mateus 5:14

112. Caridade

"[...] para que nenhum mortal se glorie na presença de Deus."

1 Coríntios 1:29

Caridade é a presença de Deus em nós atuando junto ao próximo.

Muitas pessoas O procuram fora de si, mas bastaria um simples gesto de amor ao semelhante que O encontraríamos habitando em nós.

Quem vive para o amor tem a caridade como comportamento.

Quando estivermos vivendo a caridade pura encontraremos a realidade do que somos, pois o espírito é fonte de caridade pronta para se manifestar.

A caridade será o perfume suave que perceberemos em todas as instâncias do planeta quando os homens sentirem de verdade a máxima do Cristo que nos recomendou amarmos uns aos outros como ele nos amou.

A Caridade deixará de ser uma palavra nos dicionários humanos e se tornará a expressão viva no livro sagrado de cada coração para atestar a existência de Deus em todos nós.

Chico Xavier

Reflexão

Seu espírito é fonte incessante de caridade pronta para atuar.

113. CAMINHANDO com Jesus

"Vinde a mim [...]"

Mateus 11:28

Vocês se candidatam a serem meus seguidores, mas não sabem direito o que isso significa.

Será apenas repetir o que Eu disse enquanto estava na Terra?

Como compreender aquilo que está fora do alcance da mente infantil na maioria dos espíritos da humanidade terrena?

Por acaso Eu falo para a realidade superficial da natureza humana? Sou construtor de obras transitórias e mortas?

A natureza do espírito e do Criador está além desses movimentos superficiais que caracterizam a realidade física no planeta.

O infinito da Vida não reflete as imperfeições e as fragilidades do barro terreno.

A natureza espiritual e eterna do ser é o perfume que inebria a vida em seu aspecto essencial.

Como mostrar o que é imperceptível aos olhos e aos sentidos dos seres na dimensão física da Terra?

Vocês procuram em vão a natureza de Deus que não poderá ser encontrada nas realidades ilusórias da matéria.

Como encontrar essas respostas naquilo que não existe para os vossos pobres sentidos materiais? As percepções humanas veem oásis onde há apenas areias no deserto como uma miragem construída exclusivamente pelos valores do intelecto e da ciência.

Onde parece não existir nada encontrareis a beleza vertiginosa da realidade divina da Vida, o espírito.

Vossas parcas faculdades não podem abranger a ilimitada Sabedoria que existe em tudo e em todos.

Devereis penetrar na vossa intimidade profunda para encontrar as respostas de suas indagações.

Os espíritos são a resposta do Pai na vida. São a mensagem eterna de leveza que poderá exprimir o que há de mais extraordinário nos fundamentos de Deus.

Buscam em mim, o Cristo de Deus, a fonte de suas inspirações, mas só em si mesmos perceberão a Verdade inscrita nas vossas consciências, nos pergaminhos do Tabernáculo Eterno, que só poderão ser abertos nesse mergulho interior e, assim, decifrá-lo na pureza do Amor que é a essência da vida eterna.

Espírito da Verdade

Reflexão

Para caminhar nas diretrizes de Jesus precisamos percorrer os caminhos internos da alma.

114. convocação FINAL

"E, logo ao amanhecer,"

Marcos 15:1

Horizontes novos se abrem para a Terra e seus habitantes.

A hora é esta.

O trabalho está aberto a todos, esperando cada par de mãos hábeis que possam atuar na reconstrução de uma vida melhor.

A continuidade dessa tarefa iniciada pelo Cristo aguarda que cada um de nós assuma a parte que lhe toca.

O trabalho é extenso, mas a disposição de servir deve ser maior, para que a grande virada ocorra dentro de nós e, por efeito, ocorra na vida ao nosso redor. Assim, o planeta se tornará uma das moradas superiores do infinito.

Zéfiro

Reflexão

Não perca o chamado para participar do novo amanhecer da Terra

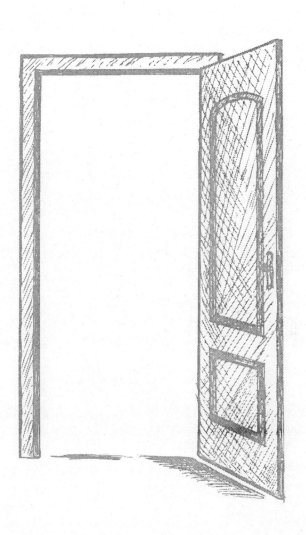

Ficha Técnica

Título
Regeneração: em harmonia com o Pai

Autoria
Samuel Gomes por diversos espíritos

Edição
1ª

Editora
Dufaux

ISBN
978-85-63365-67-5

Capa
Lucas William

Projeto gráfico e diagramação
Lucas William

Revisão ortográfica
Edermaura Santos e Nilma Helena

Revisão da diagramação
Nilma Helena

Coordenação e preparação de originais
Maria José da Costa e Nilma Helena

Composição
Adobe Indesign CC 2015
Plataforma Windows 8

Páginas
228

Tamanho do miolo
Miolo: 16 x 23 cm
Capa: 16 x 23 cm

Tipografia
Texto principal: D Sari, 12pt
Título: D Sari, 28pt
Capítulo: 2Peas FancyPants, 32pt
Notas de rodapé: D Sari, 8pt

Margens
Superior: 25mm
Inferior: 20mm
Interna: 30mm
Externa: 20mm

Papel
Miolo: Avena 80g/m^2
Capa: Duo design 250g/m^2

Cores
Miolo: 1x1 cores K
Capa: 4x0 cores CMYK

Impressão
AtualDV

Acabamento
Miolo: brochura, cadernos colados.
Capa: brochura, laminação BOPP fosca, verniz UV com reserva.

Tiragem
Sob demanda

Produção
Novembro de 2021

NOSSAS PUBLICAÇÕES

SÉRIE AUTOCONHECIMENTO

DEPRESSÃO E AUTOCONHECIMENTO - COMO EXTRAIR PRECIOSAS LIÇÕES DESSA DOR

A proposta de tratamento complementar da depressão aqui abordada tem como foco a educação para lidar com nossa dor, que muito antes de ser mental, é moral.

Wanderley Oliveira
16 x 23 cm
235 páginas

ebook

FALA, PRETO VELHO

Um roteiro de autoproteção energética através do autoamor. Os textos aqui desenvolvidos permitem construir nossa proteção interior por meio de condutas amorosas e posturas mentais positivas, para criação de um ambiente energético protetor ao redor de nossas vidas.

Wanderley Oliveira | Pai João de Angola
16 x 23 cm
291 páginas

QUAL A MEDIDA DO SEU AMOR?

Propõe revermos nossa forma de amar, pois estamos mais próximos de uma visão particularista do que de uma vivência autêntica desse sentimento. Superar limites, cultivar relações saudáveis e vencer barreiras emocionais são alguns dos exercícios na construção desse novo olhar.

Wanderley Oliveira | Ermance Dufaux
16 x 23 cm
208 páginas

APAIXONE-SE POR VOCÊ

Você já ouviu alguém dizer para outra pessoa: "minha vida é você"?
Enquanto o eixo de sua sustentação psicológica for outra pessoa, a sua vida estará sempre ameaçada, pois o medo da perda vai rondar seus passos a cada minuto.

Wanderley Oliveira
16 x 23 cm
152 páginas

A VERDADE ALÉM DAS APARÊNCIAS - O UNIVERSO INTERIOR

Liberte-se da ansiedade e da angústia, direcionando o seu espírito para o único tempo que realmente importa: o presente. Nele você pode construir um novo olhar, amplo e consciente, que levará você a enxergar a verdade além das aparências.

Samuel Gomes
16 x 23 cm
272 páginas

DESCOMPLIQUE, SEJA LEVE

Um livro de mensagens para apoiar sua caminhada na aquisição de uma vida mais suave e rica de alegrias na convivência.

Wanderley Oliveira
16 x 23 cm
238 páginas

7 CAMINHOS PARA O AUTOAMOR

O tema central dessa obra é o autoamor que, na concepção dos educadores espirituais, tem na autoestima o campo elementar para seu desenvolvimento. O autoamor é algo inato, herança divina, enquanto a autoestima é o serviço laborioso e paciente de resgatar essa força interior, ao longo do caminho de volta à casa do Pai.

Wanderley Oliveira | Pai João de Angola
16 x 23 cm
272 páginas

A REDENÇÃO DE UM EXILADO

A obra traz informações sobre a formação da civilização, nos primórdios da Terra, que contou com a ajuda do exílio de milhões de espíritos mandados para cá para conquistar sua recuperação moral e auxiliar no desenvolvimento das raças e da civilização. É uma narrativa do Apóstolo Lucas, que foi um desses enviados, e que venceu suas dificuldades íntimas para seguir no trabalho orientado pelo Cristo.

Samuel Gomes | Lucas
16 x 23 cm
368 páginas

AMOROSIDADE - A CURA DA FERIDA DO ABANDONO

Uma das mais conhecidas prisões emocionais na atualidade é a dor do abandono, a sensação de desamparo. Essa lesão na alma responde por larga soma de aflições em todos os continentes do mundo. Não há quem não esteja carente de ser protegido e acolhido, amado e incentivado nas lutas de cada dia.

Wanderley Oliveira | Ermance Dufaux
16 x 23 cm
300 páginas

MEDIUNIDADE - A CURA DA FERIDA DA FRAGILIDADE

Ermance Dufaux vem tratando sobre as feridas evolutivas da humanidade. A ferida da fragilidade é um dos traços mais marcantes dos aprendizes da escola terrena. Uma acentuada desconexão com o patrimônio da fé e do autoamor, os verdadeiros poderes da alma.

Wanderley Oliveira | Ermance Dufaux
16 x 23 cm
235 páginas

CONECTE-SE A VOCÊ - O ENCONTRO DE UMA NOVA MENTALIDADE QUE TRANSFORMARÁ A SUA VIDA

Este livro vai te estimular na busca de quem você é verdadeiramente. Com leitura de fácil assimilação, ele é uma viagem a um país desconhecido que, pouco a pouco, revela características e peculiaridades que o ajudarão a encontrar novos caminhos. Para esta viagem, você deve estar conectado a sua essência. A partir daí, tudo que você fizer o levará ao encontro do propósito que Deus estabeleceu para sua vida espiritual.

Rodrigo Ferretti
16 x 23 cm
256 páginas

ebook

APOCALIPSE SEGUNDO A ESPIRITUALIDADE - O DESPERTAR DE UMA NOVA CONSCIÊNCIA

Num curso realizado em uma colônia do plano espiritual, o livro Apocalipse, de João Evangelista, é estudado de forma dinâmica e de fácil entendimento, desvendando a simbologia das figuras místicas sob o enfoque do autoconhecimento.

Samuel Gomes
16 x 23 cm
313 páginas

ebook

VIDAS PASSADAS E HOMOSSEXUALIDADE - CAMINHOS QUE LEVAM À HARMONIA

"Vidas Passadas e Homossexualidade" é, antes de tudo, um livro sobre o autoconhecimento. E, mais que uma obra que trada do uso prático da Terapia de Regressão às Vidas Passadas . Em um conjunto de casos, ricamente descritos, o leitor poderá compreender a relação de sua atual encarnação com aquelas que ele viveu em vidas passadas. O obra mostra que absolutamente tudo está interligado. Se o leitor não encontra respostas sobre as suas buscas psicológicas nesta vida, ele as encontrará conhecendo suas vidas passadas.
Samuel Gomes

Dra. Solange Cigagna
16 x 23 cm
364 páginas

SÉRIE CONSCIÊNCIA DESPERTA

SAIA DO CONTROLE - UM DIÁLOGO TERAPEUTICO E LIBERTADOR ENTRE A MENTE E A CONSCIÊNCIA

Agimos de forma instintiva por não saber observar os pensamentos e emoções que direcionam nossas ações de forma condicionada. Por meio de uma observação atenta e consciente, identificando o domínio da mente em nossas vidas, passamos a viver conscientes das forças internas que nos regem.

Rossano Sobrinho
16 x 23 cm
268 páginas

SÉRIE CULTO NO LAR

VIBRAÇÕES DE PAZ EM FAMÍLIA

Quando a família se reúne para orar, ou mesmo um de seus componentes, o ambiente do lar melhora muito. As preces são emissões poderosas de energia que promovem a iluminação interior. A oração em família traz paz e fortalece, protege e ampara a cada um que se prepara para a jornada terrena rumo à superação de todos os desafios.

Wanderley Oliveira | Ermance Dufaux
16 x 23 cm
212 páginas

JESUS - A INSPIRAÇÃO DAS RELAÇÕES LUMINOSAS

Após o sucesso de "Emoções que curam", o espírito Ermance Dufaux retorna com um novo livro baseado nos ensinamentos do Cristo, destacando que o autoamor é a garantia mais sólida para a construção de relacionamentos luminosos.

Wanderley Oliveira | Ermance Dufaux
16 x 23 cm
304 páginas

REGENERAÇÃO - EM HARMONIA COM O PAI

Nos dias em que a Terra passa por transformações fundamentais, ampliando suas condições na direção de se tornar um mundo regenerado, é necessário desenvolvermos uma harmonia inabalável para aproveitar as lições que esses dias nos proporcionam por meio das nossas decisões e das nossas escolhas, [...].

Samuel Gomes | Diversos Espíritos
16 x 23 cm
223 páginas

PRECES ESPÍRITAS

Porque e como orar?
O modo como oramos influi no resultado de nossas preces?
Existe um jeito certo de fazer a oração?
Allan Kardec nos afirma que *"não há fórmula absoluta para a prece"*, mas o próprio Evangelho nos orienta que *"quando oramos, devemos entrar no nosso aposento interno do coração e, fechando a porta, busquemos Deus que habita em nós; e Ele, que vê nossa mais secreta realidade espiritual, nos amparará em todas as necessidades. Ao orarmos, evitemos as repetições de orações realizadas da boca para fora, como muitos que pensam que por muito falarem serão ouvidos. Oremos a Deus em espírito e verdade porque nosso Pai sabe o que nos é necessário, antes mesmo de pedirmos"*.
(Mateus 6:5 a 8)

Allan Kardec
16 x 23 cm
145 páginas

ebook

O EVANGELHO SEGUNDO O ESPIRITISMO

O Evangelho de Jesus Cristo foi levado ao mundo por meio de seus discípulos, logo após o desencarne do Mestre na cruz. Mas o Evangelho de Cristo foi, muitas vezes, alterado e deturpado através de inúmeras edições e traduções do chamado Novo Testamento. Agora, a Doutrina Espírita, por meio de um trabalho sob a óptica dos espíritos e de Allan Kardec, vem jogar luz sobre a verdadeira face de Cristo e seus ensinamentos de perdão, caridade e amor.

Allan Kardec
16 x 23 cm
431 páginas

ebook

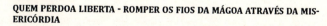

SÉRIE DESAFIOS DA CONVIVÊNCIA

QUEM SABE PODE MUITO. QUEM AMA PODE MAIS

A lição central desta obra é mostrar que o conhecimento nem sempre é suficiente para garantir a presença do amor nas relações. "Estar informado é a primeira etapa. Ser transformado é a etapa da maioridade." - Eurípedes Barsanulfo.

Wanderley Oliveira | José Mário
16 x 23 cm
312 páginas

ebook

QUEM PERDOA LIBERTA - ROMPER OS FIOS DA MÁGOA ATRAVÉS DA MISERICÓRDIA

Continuação do livro "QUEM SABE PODE MUITO. QUEM AMA PODE MAIS" dando sequência à trilogia "Desafios da Convivência".

Wanderley Oliveira | José Mário
16 x 23 cm
320 páginas

ebook

SERVIDORES DA LUZ NA TRANSIÇÃO PLANETÁRIA

Nesta obra recebemos o convite para nos integrar nas fileiras dos Servidores da Luz, atuando de forma consciente diante dos desafios da transição planetária. Brilhante fechamento da trilogia.

Wanderley Oliveira | José Mário
14x21 cm
298 páginas

SÉRIE ESPÍRITOS DO BEM

GUARDIÕES DO CARMA - A MISSÃO DOS EXUS NA TERRA

Pai João de Angola quebra com o preconceito criado em torno dos exus e mostra que a missão deles na Terra vai além do que conhecemos. Na verdade, eles atuam como guardiões do carma, nos ajudando nos principais aspectos de nossas vidas.

Wanderley Oliveira | Pai João de Angola
16 x 23 cm
288 páginas

GUARDIÃS DO AMOR - A MISSÃO DAS POMBAGIRAS NA TERRA

"São um exemplo de amor incondicional e de grandeza da alma. São mães dos deserdados e angustiados. São educadoras e desenvolvedoras do sagrado feminino, e nesse aspecto são capazes de ampliar, nos homens e nas mulheres, muitas conquistas que abrem portas para um mundo mais humanizado, [...]".

Wanderley Oliveira | Pai João de Angola
16 x 23 cm
232 páginas

GUARDIÕES DA VERDADE - NADA FICARÁ OCULTO

Neste momento de batalhas decisivas rumo aos tempos da regeneração, esta obra é um alerta que destaca a importância da autenticidade nas relações humanas e da conduta ética como bases para uma forma transparente de viver. A partir de agora, nada ficará oculto, pois a Verdade é o único caminho que aguarda a humanidade para diluir o mal e se estabelecer na realidade que rege o universo.

Wanderley Oliveira | Pai João de Angola
16 x 23 cm
236 páginas

SÉRIE ESTUDOS DOUTRINÁRIOS

ATITUDE DE AMOR

Opúsculo contendo a palestra "Atitude de Amor" de Bezerra de Menezes, o debate com Eurípedes Barsanulfo sobre o período da maioridade do Espiritismo e as orientações sobre o "movimento atitude de amor". Por uma efetiva renovação pela educação moral.

Wanderley Oliveira | Ermance Dufaux e Cícero Pereira
14 x 21 cm
94 páginas

ebook

SEARA BENDITA

Um convite à reflexão sobre a urgência de novas posturas e conceitos. As mudanças a adotar em favor da construção de um movimento social capaz de cooperar com eficácia na espiritualização da humanidade.

Wanderley Oliveira e Maria José Costa | Diversos Espíritos
14 x 21 cm
284 páginas

Gratuito em nosso site, somente em:
ebook

NOTÍCIAS DE CHICO

"Nesta obra, Chico Xavier afirma com seu otimismo natural que a Terra caminha para uma regeneração de acordo com os projetos de Jesus, a caracterizar-se pela tolerância humana recíproca e que precisamos fazer a nossa parte no concerto projetado pelo Orientador Maior, principalmente porque ainda não assumimos responsabilidades mais expressivas na sustentação das propostas elevadas que dizem respeito ao futuro do nosso planeta."

Samuel Gomes | Chico Xavier
16 x 23 cm
181 páginas

ebook

 ## SÉRIE FAMÍLIA E ESPIRITUALIDADE

UM JOVEM OBSESSOR - A FORÇA DO AMOR NA REDENÇÃO ESPIRITUAL

Um jovem conta sua história, compartilhando seus problemas após a morte, falando sobre relacionamentos, sexo, drogas e, sobretudo, da força do amor na redenção espiritual.

Adriana Machado | Jefferson
16 x 23 cm
392 páginas

UM JOVEM MÉDIUM - CORAGEM E SUPERAÇÃO PELA FORÇA DA FÉ

A mediunidade é um canal de acesso às questões de vidas passadas que ainda precisam ser resolvidas. O livro conta a história do jovem Alexandre que, com sua mediunidade, se torna o intermediário entre as histórias de vidas passadas daqueles que o rodeiam tanto no plano físico quanto no plano espiritual. Surpresos com o dom mediúnico do menino, os pais, de formação Católica, se veem às voltas com as questões espirituais que o filho querido traz para o seio da família.

Adriana Machado | Ezequiel
16 x 23 cm
365 páginas
ebook

RECONSTRUA SUA FAMÍLIA - CONSIDERAÇÕES PARA O PÓS-PANDEMIA

Vivemos dias de definição, onde nada mais será como antes. Necessário redefinir e ampliar o conceito de família. Isso pode evitar muitos conflitos nas interações pessoais. O autoconhecimento seguido de reforma íntima será o único caminho para transformação do ser humano, das famílias, das sociedades e da humanidade.

Dr. Américo Canhoto
16 x 23 cm
237 páginas
ebook

SÉRIE HARMONIA INTERIOR

LAÇOS DE AFETO - CAMINHOS DO AMOR NA CONVIVÊNCIA

Uma abordagem sobre a importância do afeto em nossos relacionamentos para o crescimento espiritual. São textos baseados no dia a dia de nossas experiências. Um estímulo ao aprendizado mais proveitoso e harmonioso na convivência humana.

Wanderley Oliveira | Ermance Dufaux
16 x 23 cm
312 páginas
ebook | ESPANHOL

MEREÇA SER FELIZ - SUPERANDO AS ILUSÕES DO ORGULHO

Um estudo psicológico sobre o orgulho e sua influência em nossa caminhada espiritual. Ermance Dufaux considera essa doença moral como um dos mais fortes obstáculos à nossa felicidade, porque nos leva à ilusão.

Wanderley Oliveira | Ermance Dufaux
16 x 23 cm
296 páginas
ebook | ESPANHOL

REFORMA ÍNTIMA SEM MARTÍRIO - AUTOTRANSFORMAÇÃO COM LEVEZA E ESPERANÇA

As ações em favor do aperfeiçoamento espiritual dependem de uma relação pacífica com nossas imperfeições. Como gerenciar a vida íntima sem adicionar o sofrimento e sem entrar em conflito consigo mesmo?

Wanderley Oliveira | Ermance Dufaux
16 x 23 cm
288 páginas

PRAZER DE VIVER - CONQUISTA DE QUEM CULTIVA A FÉ E A ESPERANÇA

Neste livro, Ermance Dufaux, com seus ensinos, nos auxilia a pensar caminhos para alcançar nossas metas existenciais, a fim de que as nossas reencarnações sejam melhor vividas e aproveitadas.

Wanderley Oliveira | Ermance Dufaux
16 x 23 cm
248 páginas

ESCUTANDO SENTIMENTOS - A ATITUDE DE AMAR-NOS COMO MERECEMOS

Ermance afirma que temos dado passos importantes no amor ao próximo, mas nem sempre sabemos como cuidar de nós, tratando-nos com culpas, medos e outros sentimentos que não colaboram para nossa felicidade.

Wanderley Oliveira | Ermance Dufaux
16 x 23 cm
256 páginas

DIFERENÇAS NÃO SÃO DEFEITOS - A RIQUEZA DA DIVERSIDADE NAS RELAÇÕES HUMANAS

Ninguém será exatamente como gostaríamos que fosse. Quando aprendemos a conviver bem com os diferentes e suas diferenças, a vida fica bem mais leve. Aprenda esse grande SEGREDO e conquiste sua liberdade pessoal.

Wanderley Oliveira | Ermance Dufaux
16 x 23 cm
248 páginas

EMOÇÕES QUE CURAM - CULPA, RAIVA E MEDO COMO FORÇAS DE LIBERTAÇÃO

Um convite para aceitarmos as emoções como forma terapêutica de viver, sintonizando o pensamento com a realidade e com o desenvolvimento da autoaceitação.

Wanderley Oliveira | Ermance Dufaux
16 x 23 cm
272 páginas

SÉRIE REFLEXÕES DIÁRIAS

PARA SENTIR DEUS

Nos momentos atuais da humanidade sentimos extrema necessidade da presença de Deus. Ermance Dufaux resgata, para cada um, múltiplas formas de contato com Ele, de como senti-Lo em nossas vidas, nas circunstâncias que nos cercam e nos semelhantes que dividem conosco a jornada reencarnatória. Ver, ouvir e sentir Deus em tudo e em todos.

Wanderley Oliveira | Ermance Dufaux
11 x 15,5 cm
133 páginas
Somente ebook

LIÇÕES PARA O AUTOAMOR

Mensagens de estímulo na conquista do perdão, da aceitação e do amor a si mesmo. Um convite à maravilhosa jornada do autoconhecimento que nos conduzirá a tomar posse de nossa herança divina.

Wanderley Oliveira | Ermance Dufaux
11 x 15,5 cm
128 páginas
Somente ebook

RECEITAS PARA A ALMA

Mensagens de conforto e esperança, com pequenos lembretes sobre a aplicação do Evangelho para o dia a dia. Um conjunto de propostas que se constituem em verdadeiros remédios para nossas almas.

Wanderley Oliveira | Ermance Dufaux
11 x 15,5 cm
146 páginas
Somente ebook

SÉRIE REGENERAÇÃO

FUTURO ESPIRITUAL DA TERRA

As necessidades, as estruturas perispirituais e neuropsíquicas, o trabalho, o tempo, as características sociais e os próprios recursos de natureza material se tornarão bem mais sutis. O futuro já está em construção e André Luiz, através da psicografia de Samuel Gomes, conta como será o Futuro Espiritual da Terra.

Samuel Gomes | André Luiz
16 x 23 cm
344 páginas

XEQUE-MATE NAS SOMBRAS - A VITÓRIA DA LUZ

André Luiz traz notícias das atividades que as colônias espirituais, ao redor da Terra, estão realizando para resgatar os espíritos que se encontram perdidos nas trevas e conduzi-los a passar por um filtro de valores, seja para receberem recursos visando a melhorar suas qualidades morais – se tiverem condições de continuar no orbe – seja para encaminhá-los ao degredo planetário.

Samuel Gomes | André Luiz
16 x 23 cm
212 páginas

A DECISÃO - CRISTOS PLANETÁRIOS DEFINEM O FUTURO ESPIRITUAL DA TERRA

"Os Cristos Planetários do Sistema Solar e de outros sistemas se encontram para decidir sobre o futuro da Terra na sua fase de regeneração. Numa reunião que pode ser considerada, na atualidade, uma das mais importantes para a humanidade terrestre, Jesus faz um pronunciamento direto sobre as diretrizes estabelecidas por Ele para este período."

Samuel Gomes | André Luiz e Chico Xavier
16 x 23 cm
210 páginas

SÉRIE ROMANCE MEDIÚNICO

OS DRAGÕES - O DIAMANTE NO LODO NÃO DEIXA DE SER DIAMANTE

Um relato leve e comovente sobre nossos vínculos com os grupos de espíritos que integram as organizações do mal no submundo astral.

Wanderley Oliveira | Maria Modesto Cravo
16 x 23cm
522 páginas

LÍRIOS DE ESPERANÇA

Ermance Dufaux alerta os espíritas e lidadores do bem de um modo geral, para as responsabilidades urgentes da renovação interior e da prática do amor neste momento de transição evolutiva, através de novos modelos de relação, como orientam os benfeitores espirituais.

Wanderley Oliveira | Ermance Dufaux
16 x 23 cm
508 páginas

AMOR ALÉM DE TUDO

Regras para seguir e rótulos para sustentar. Até quando viveremos sob o peso dessas ilusões? Nessa obra reveladora, Dr. Inácio Ferreira nos convida a conhecer a verdade acima das aparências. Um novo caminho para aqueles que buscam respeito às diferenças e o AMOR ALÉM DE TUDO.

Wanderley Oliveira | Inácio Ferreira
16 x 23 cm
252 páginas

ABRAÇO DE PAI JOÃO

Pai João de Angola retorna com conceitos simples e práticos, sobre os problemas gerados pela carência afetiva. Um romance com casos repletos de lutas, desafios e superações. Esperança para que permaneçamos no processo de resgate das potências divinas de nosso espírito.

Wanderley Oliveira | Pai João de Angola
16 x 23 cm
224 páginas

UM ENCONTRO COM PAI JOÃO

A obra também fala do valor de uma terapia, da necessidade do autoconhecimento, dos tipos de casamentos programados antes do reencarne, dos processos obsessivos de variados graus e do amparo de Deus para nossas vidas por meio dos amigos espirituais e seus trabalhadores encarnados. Narra também em detalhes a dinâmica das atividades socorristas do centro espírita.

Wanderley Oliveira | Pai João de Angola
16 x 23 cm
220 páginas

O LADO OCULTO DA TRANSIÇÃO PLANETÁRIA

O espírito Maria Modesto Cravo aborda os bastidores da transição planetária com casos conectados ao astral da Terra.

Wanderley Oliveira | Maria Modesto Cravo
16 x 23 cm
288 páginas

ebook

PERDÃO - A CHAVE PARA A LIBERDADE

Neste romance revelador, conhecemos Onofre, um pai que enfrenta a perda de seu único filho com apenas oito anos de idade. Diante do luto e diversas frustrações, um processo desafiador de autoconhecimento o convida a enxergar a vida com um novo olhar. Será essa a chave para a sua libertação?

Adriana Machado | Ezequiel
14 x 21 cm
288 páginas

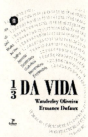

ebook

1/3 DA VIDA - ENQUANTO O CORPO DORME A ALMA DESPERTA

A atividade noturna fora da matéria representa um terço da vida no corpo físico, e é considerada por nós como o período mais rico em espiritualidade, oportunidade e esperança.

Wanderley Oliveira | Ermance Dufaux
16 x 23 cm
279 páginas

ebook

NEM TUDO É CARMA, MAS TUDO É ESCOLHA

Somos todos agentes ativos das experiências que vivenciamos e não há injustiças ou acasos em cada um dos aprendizados.

Adriana Machado | Ezequiel
16 x 23 cm
536 páginas

ebook

RETRATOS DA VIDA - AS CONSEQUÊNCIAS DO DESCOMPROMETIMENTO AFETIVO

Túlio costumava abstrair-se da realidade, sempre se imaginando pintando um quadro; mais especificamente pintando o rosto de uma mulher.
Vivendo com Dora um casamento já frio e distante, uma terrível e insuportável dor se abate sobre sua vida. A dor era tanta que Túlio precisou buscar dentro de sua alma uma resposta para todas as suas angústias..

Clotilde Fascioni
16 x 23 cm
175 páginas

O PREÇO DE UM PERDÃO - AS VIDAS DE DANIEL

Daniel se apaixona perdidamente e, por várias vidas, é capaz de fazer qualquer coisa para alcançar o objetivo de concretizar o seu amor. Mas suas atitudes, por mais verdadeiras que sejam, o afastam cada vez mais desse objetivo. É quando a vida o para.

André Figueiredo e Fernanda Sicuro | Espírito Bruno
16 x 23 cm
333 páginas

ebook

Livros que transformam vidas!

Acompanhe nossas redes sociais

(lançamentos, conteúdos e promoções)

@editoradufaux

facebook.com/EditoraDufaux

youtube.com/user/EditoraDufaux

Conheça nosso catálogo e mais sobre nossa editora. Acesse os nossos sites

Loja Virtual

www.dufaux.com.br

eBooks, conteúdos gratuitos e muito mais

www.editoradufaux.com.br

Entre em contato com a gente.

Use os nossos canais de atendimento

(31) 99193-2230

(31) 3347-1531

www.dufaux.com.br/contato

sac@editoradufaux.com.br

Rua Contria, 759 | Alto Barroca | CEP 30431-028 | Belo Horizonte | MG